找工作，
你准备好了吗

Are You Ready
for Your Job Search

金 墨◎著

机械工业出版社
CHINA MACHINE PRESS

图书在版编目（CIP）数据

找工作，你准备好了吗 / 金墨著 . -- 北京 : 机械
工业出版社，2025. 8（2025. 9 重印）. -- ISBN 978-7-111
-78921-5

Ⅰ. C913.2-49

中国国家版本馆 CIP 数据核字第 2025U3B999 号

机械工业出版社（北京市百万庄大街 22 号　邮政编码 100037）
策划编辑：朱　悦　　　　　　　　责任编辑：朱　悦
责任校对：张勤思　李可意　景　飞　　责任印制：常天培
北京联兴盛业印刷股份有限公司印刷
2025 年 9 月第 1 版第 2 次印刷
147mm × 210mm · 7.375 印张 · 122 千字
标准书号：ISBN 978-7-111-78921-5
定价：59.00 元

电话服务　　　　　　　网络服务
客服电话：010-88361066　机　工　官　网：www.cmpbook.com
　　　　　010-88379833　机　工　官　博：weibo.com/cmp1952
　　　　　010-68326294　金　　书　　网：www.golden-book.com
封底无防伪标均为盗版　机工教育服务网：www.cmpedu.com

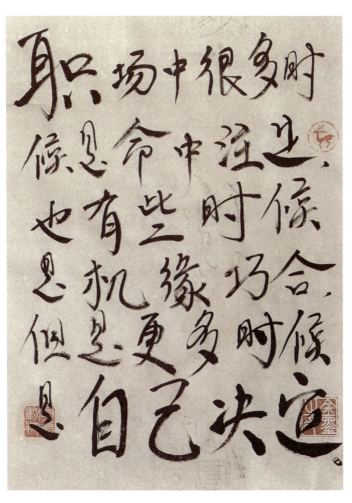

职场中很多时候，命中注定，也有些机缘，但更多时候，自己决定。

我找工作我做主

致未来的你

工作是谋生的手段，更是修行的道场，我们在其中淬炼能力、打磨心性，不断成长，最终成为熠熠生辉的自己。而这一切，都是从找到一份适合自己的好工作开始的。命运的齿轮，在你开始认真思考如何求职的那一刻，便悄然转动。

求职从来不是简单地投递简历与等待回复，而是一场关乎你人生与未来的战略抉择。在这个充满不确定性的时代，每一次职业选择都可能影响你未来数年的发展轨迹，甚至决定你的人生高度。正因为如此，求职技能成为现代人的生存必修课。只有掌握这门技能，我们才能将过往的经历转化为竞争优势，为未来十年乃至终身的职业发展奠定基础。

然而，现实却是很多人在求职路上跌跌撞撞、屡屡碰壁。我见过太多令人痛心的案例：专业能力出众的 IT 工程师，因为不会包装简历中的项目经历，在初筛阶段就被无情淘汰；充满才华、踌躇满志的年轻人，因为不懂面试技巧，在紧张中错失了展示才华的最佳时机；渴望转型的中年人，因为缺乏职业规划，在错误的赛道上浪费了宝贵的时间……这些原本可以避免的遗憾，每天都在真实地发生着。

这些遗憾的背后，是求职市场的复杂现实——信息不对称，供需不平衡，个人能力与岗位需求难以精准匹配。我们不知道适合自己的工作是什么，也不知道找到好工作有哪些途径和方法。与此同时，劳动力市场的供求关系瞬息万变，正在招聘的岗位每时每刻都在发生变化，而个人的兴趣、能力与市场需求之间又常常存在微妙的错位。

这些遗憾带来的后果远比我们想象的更严重。职业发展具有累积效应，我们的每一份工作都在为未来的职业生涯铺设道路。走错一步，可能需要耗费数年来修正。一次将就，可能会让我们在多年后尝到苦果。这不仅是对生命的浪费，更会给我们带来持续的职业阵痛与自我怀疑，让我们陷入一个两难的境地：忍受不够理想的工作，身心会备受煎熬；而选择离开，则要面临失业带来的经济风险与社会压力。多少人因此被困在"将就"的牢笼里，既难以挣脱现实的束缚，又无法享受工作带来的成就感。

因此，我们必须认真地对待求职这件事，投入时间、精力去研究、去优化、去突破。

可惜的是，我们少有机会学到这门至关重要的生存技能，大多数人只能在黑暗中摸索，用一次次失败换取经验。这种"试错式成长"的代价实在是太高了。更令人痛心的是，很多人甚至意识不到自己缺乏求职技能，他们把失败归咎于"运气不好"或"竞争太激烈"，却从来没有反思过自己的求职策略是否存在问题。

求职技能不是凭空而来的，而是需要系统地学习和实践。正如一位优秀的运动员需要超凡的天赋，更需要科学的训练方法和丰富的实践经验。求职同样如此，当你通过正确的方法、持续的练习和专业的指导习得了这门技能，你就能化被动为主动，从"被选择者"蜕变为"主动规划者"。

我写作本书的初心，就是帮你补上这堂迟来的必修课。

本书的独特之处在于：

1. 从求职者、面试官、咨询顾问的复合视角阐述求职过程中的关键成功因素。

我曾在求职者、面试官和咨询顾问三种角色间切换。二十多年前，作为求职者，我凭借着自己摸索的一套求职方法，从万千大学毕业生中脱颖而出，成功斩获国企、世界 500 强外企乃至全球知名咨询公司的录取通知。这让我积累了丰富的求职经验，更让我深刻理解求职者在每个环节的真实痛点。

随后十余年的人力资源管理生涯，让我完成了从"被选拔者"到"选拔者"，即面试官的角色转换。作为知名企业的人力资源部负责人，我主导设计了完整的招聘体系，帮助企业选拔了大量中高级人才。这段经历不仅让我积累了大量面试选人的实践经验，更使我掌握了企业选人用人的底层逻辑，培养了我对人才价值的专业判断力。

资深管理咨询顾问和高管教练的角色，则使我在更高维度理解职业发展的本质。在为各行业管理者提供咨询服务、教授领导力提升课程的过程中，我系统整合了心理学、管理学的前沿理论，构建起各类岗位的能力素质模型。这种理论与实践的双重积淀，使我能精准把握求职者与用人单位的双向需求。

三种不同的角色，让我全方位地经历了求职和招聘选拔的整个过程，也让我对求职这件事形成了360度的立体认知。用体育运动打个比方，我就是一个既当过运动员，又当过教练员，还当过裁判员的"全产业链践行者"。这种"运动员－教练员－裁判员"的复合视角，再加上在人才管理领域深耕多年的洞察力，使我能清晰地透视求职的本质规律，为读者带来更全面、更实用的求职指导。

2. 集结二十多年实践经验，从实战中淬炼出来的心法总结。

多年的一线实战经历让我深刻认识到：理想的职业选择从来不是简单的"做你喜欢的事"。现实中的职业困境往往比理论复杂得多，比如，一位热爱绘画的姑娘，为生计所迫，只能在会计师事务所日复一日地核对数字；梦想开家西餐厅的年轻人，迫于父母的压力，不得不进入金融行业。大多数人在"应该干什么""喜欢干什么"和"能干什么"这三者之间纠结，心里充满了矛盾。而脱离现实的鸡汤式说教，往往会让他们陷入更深的迷茫。

正因如此，本书拒绝给出"只要跟随内心就能成功"的空洞建议，也没有纸上谈兵的抽象理论，而是提供经过实践检验的实用心法和可落地的解决方案。因为我知道，真正的职业选择从来不是非黑即白的判断题，而是在现实约束下找到最优解的智慧。

在本书中，我用管理咨询的思维框架，将复杂的求职过程拆解为最通俗易懂的方法，并将方法与实践案例结合起来，使读者更易于理解、易于掌握。我还设计了一些简单实用的工具表格，让读者一看就懂、一学就会。

书中每一个观点都经过成百上千个真实案例的验证，每一页文字都凝集了来自一线的真知灼见。

3. 构建了独特的职业发展知识体系。

在本书中，我系统整合了心理学和管理学有关职业发展和自我管理的理论，并将其与实践经验相结合，构建了多维度的职业发展知识体系。这个体系不但能解释常见的职业困惑，更能为各类现实问题提供切实可行的解决方案。

人的学习方式有两种：一是自我学习，通过亲身实践积累经验，从自己的成功和挫折中总结经验，以获得成长；二是替代学习，通过借鉴他人经验打开思路，让自己少走弯路。本书将这两种学习路径完美结合，读者既能获得经过验证的系统知识，又能通过真实案例获得"替代性经验"。这种双重学习模式，可以帮读者缩短试错周期，在职业发展的关键节点做出更明智的选择。

无论你是初入职场的新人，还是寻求突破的资深人士，这本书都将帮助你：

- 精准定位，找到真正适合自己的职业方向。
- 高效求职，掌握从简历到面试的决胜技巧。
- 长远规划，让每一次职业选择都成为未来成功的基石。

写作本书的十年间，我见证了无数求职者通过正确的方法实现了职业跃迁。现在，我希望这些经验也能为你点亮前路。

愿这本书成为你努力攀登高峰的一块垫脚石；愿你合上这本书时，不再迷茫，而是充满信心地迈向你的职业生涯；更愿某天你站在更高的职业平台回望时，能由衷地感谢今天这个认真阅读的自己，因为人生最大的幸运，莫过于在关键的岔路口，清醒地知道自己该走向何方。

（特别声明：本书中所有案例都进行了艺术化处理，如有雷同，纯属虚构，切勿对号入座。）

CONTENTS
目录

第 1 章

找工作，你准备好了吗

工作的三重价值

我们必须承认，找到一份满意的工作，是大多数人的诉求。

在这个追求自我价值与生命意义的年代，工作早已超越了单纯的谋生形式，成为我们生命的重要组成部分。我们一生中最宝贵的时间、最充沛的精力、最饱满的热情，大多都倾注于工作。我们与工作相处的时间，甚至超过了我们与家人相处的时间。

很多人可能没有意识到，工作赋予我们的，远比我们想象的更为丰厚。一份好的工作，能带给我们三重价值，如图1-1所示。

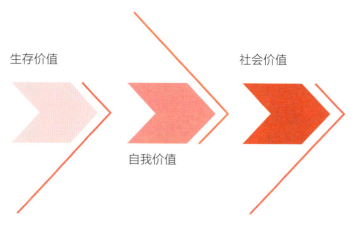

生存价值

社会价值

自我价值

图 1-1　工作的三重价值

1. 生存价值

工作给我们提供稳定的收入来源，它解决了柴米油盐的日常开销问题，支撑起家庭的运转，让我们拥有了安身立命的基石。

这份经济保障，在年轻时是独立自主的底气，在中年时是养家糊口的担当，在老年时则是安享晚年的依靠。它就像一张安全网，让我们免于陷入生存焦虑，能够更从容地规划人生，保持向上生长的空间和可能。

2. 自我价值

工作是一场持续的自我发现之旅，是我们实现价值的重要舞台。在这个舞台上，我们不仅获得收入，更收获成就感和自我认同。

每天的工作都是自我实现的契机。当我们全情投入一个项目时，能感受到自己能力的提升；当我们的创意被采纳时，获得的是被认可的喜悦；当我们看到自己的工作成果惠及他人时，那种满足感远远超过物质回报。一个精心完成的设计方案，一项惠及大众的服务创新，甚至只是帮助客户解决一个小问题，都可以让我们产生"我能创造价值"的自我认同。

在持续的工作中，我们逐渐成为更好的自己。在克服工作困难的过程中，我们发现了自己未曾察觉的潜力；在与同事的合作中，我们学会了沟通与协作；在完成每个任务时，我们积累了宝贵的经验。这些成长让我们的生命更加丰盈。

更重要的是，工作让我们与世界产生深度连接。

通过专业技能的施展，我们为他人创造价值；通过职业身份的确认，我们在社会中找到属于自己的位置；通过持续的工作投入，我们书写着属于自己的人生故事。

3. 社会价值

工作不仅是实现自我价值的方式，更是创造社会价值的重要途径。

每个工作岗位都是社会运转不可或缺的齿轮。教师传递知识，塑造未来；医生守护健康，延续生命；建筑师建造家园，改变城市面貌。即使是最普通的岗位，也在以独特的方式参与着社会建设。我们工作中付出的每一份努力，最终都会转化为推动社会进步的力量。

工作让我们从"小我"走向"大我"，在服务他人的过程中实现自我超越。

这三重价值构成了一个完整的人生价值体系，犹如金字塔般层层递进又相互支撑。最基础的生存价值确保我们的物质生活无忧，这是安身立命的根本；中间的自我价值让我们在工作中获得成长与成就，这是实现自我的关键；而顶端的社会价值则赋予工作更深远的意义，这是超越自我的升华。

理想的工作应该同时创造这三个层次的价值：既能提供稳定的经济来源，让我们的生活有所保障；又能提供成长空间，让我们的能力与心智不断提升；更能创造社会价值，让个人努力汇入时代发展的洪流。这样的工作不仅满足当下所需，更能照亮未来之路。

当这三个层次的价值达到和谐统一时，工作就成了生命绽放的舞台。我们获得的不仅是工资单上的数字，更是能力的精进、人格的完善，以及参与社会建设的成就感。这是工作最完整的价值体现，也是职业生涯最值得追求的境界。

我将这一部分作为本书的开篇，是希望读者能清楚地认识到：工作之于我们，是关乎生命意义和人生幸福的战略选择。它不仅关系到每月的收入，更决定着我们将以怎样的方式度过生命中最宝贵的时光，与怎样的人同行，最终成为怎样的自己。

认识到这一点，你就会明白：求职不是简单地寻找一个岗位，而是在选择未来几年的生活方式和成长轨迹。那些在职业选择上深思熟虑的人，往往能在五年、十年后拉开与同龄人的差距。这种差距不仅体现在薪资待遇上，更反映在生活质量、个人成长和精神满足等多个方面。

因此，在翻开这本书的后续章节前，请先问问自己：我想要的只是一份工作，还是一段职业生涯、一种人生的可能性？当我们以这样的高度看待求职时，自然就会以更审慎的态度、更充分的准备，来对待这个可能改变人生轨迹的重要选择。

求职是厚积薄发的马拉松

尽管工作如此重要，但当我们仔细观察现实中的求职现象时，却会发现一个令人深思的现象：大多数人在求职这件事上过于随意。他们往往因为外部压力而匆忙求职，缺乏系统性的准备。简历是临时拼凑的，面试是即兴发挥的，职业选择是随波逐流的……

想象一下这样的场景：一位即将毕业的大学生，在室友都拿到录取通知的压力下，匆忙投递了几十份简历；一位对现状不满的职场人，在某个加班的深夜突然决定辞职，第二天就开始海投简历；一位突然失业的中年人，迫于经济压力匆忙接受了一份不擅长的销售工作。这些场景每天都在上演，这种盲目的求职方式，就像在黑暗中掷飞镖，能否命中目标全凭运气。更令人担忧的是，这种随意性选择很可能使我们在未来陷入职业发展困境，而当我们意识到问题时，宝贵的时间已经流逝了。

你一定要深刻地认识到，求职不是临时抱佛脚的突击，而是一场厚积薄发的马拉松，需要做好充足的准备。

求职前的准备，本质上是一次深度的自我探索。它要求我们暂时停下匆忙的脚步，认真思考一些根本性问题：我真正擅长什么？什么样的工作环境能激发我的最佳状态？我希望通过工作实现怎样的人生价值？哪些行业更能使我发挥自己的优势？这些问题看似简单，却需要静下心来与自己对话才能找到答案。

当你对自己的优势与短板了然于胸，对行业趋势洞若观火，对目标企业如数家珍时，求职就不再是被动等待的过程，而是一场主动出击的战役。你会清楚地知道哪些机会值得争取，哪些岗位应该放弃。这种清醒的判断力，会帮助你在走向职业巅峰的道路上最大限度地降低试错成本，避免付出惨重代价。

准备充分的人往往能在求职过程中展现出一种难得的从容。当别人在面试中紧张得语无伦次时，你能侃侃而谈；当别人面对职业选择犹豫不决时，你能果断决策；当别人在职场中迷失方向时，你依然保持着清晰的职业方向。这种从容不是与生俱来的天赋，而是充分准备后的水到渠成。

更重要的是，充分的求职准备能帮你避开那些"看起来很美"的职业陷阱。太多人因为仓促决定而陷入"高薪但不快乐""体面但无成长"的工作困境。而当你做过充分的市场调研、行业分析和自我评估后，就能更准确地识别哪些机会是蜜糖，哪些是裹着糖衣的毒药。

在这个快速变化的时代，职业发展不再是线性前进的单一轨道，而是充满可能性的立体网络。只有那些准备充分的人，才能在这个网络中游刃有余，把每一次职业转换都变成向上攀登的阶梯。他们不会因为一次失业而惊慌失措，也不会因为一个貌似诱人的录取通知而迷失方向，因为他们始终清楚地知道自己要去哪里，以及如何到达那里，尽管路途艰辛，但是内心坚定。

所以，在你急着投递下一份简历前，不妨先问问自己：找工作，我真的准备好了吗？我的准备足够让我在这场关乎未来的重要抉择中掌握主动权吗？

记住，在求职这件事上，仓促往往是最大的奢侈，而准备则是最划算的投资。当你真正做足准备时，就会发现，好工作不是碰运气得来的，而是被你的准备吸引来的。

求职准备是一项系统性工程

求职准备不是简单的简历润色或面试技巧的突击训练，而是一项需要全方位布局的系统工程。就像建造一栋大楼需要打好地基、搭建框架、完善细节一样，真正的求职准备也需要从多个维度协同推进，形成一个完整的求职准备系统。

维度 1：心理准备

要保持积极开放的心态，做好心理准备。

在求职这场漫长的征途中，心理准备是最重要的，也是最难的。你必须清醒地认识到，求职本质上是在不确定性中寻找确定性的过程。在开放的人才市场中找工作，你所面对的是一个全新的、未知的且不断变化的环境——简历可能石沉大海，面试官的态度可能捉摸不定，评估标准可能因人而异。这些因素考验着你的心理韧性，影响着你求职时的情绪和行为。所以，在求职之前，你必须做好两个心理准备：

一是保持情绪稳定。

求职之路往往充满变数，常常会让人感受到过山车一般的体验：周一收到梦寐以求的面试邀请，周二却遭遇突如其来的拒绝；上午的面试相谈甚欢，下午却被告知岗位被冻结。能否在不确定性中保持定力，往往比专业技能高低更能决定最终成败。真正的情绪稳定，是建立起一套成熟的情绪调节机制，即使遇到挫折也不会出现巨大的情绪反应，而是会平静地分析：是简历不够突出？还是面试表现欠佳？或是岗位匹配度不足？这种理性的归因方式，能把负面情绪转化为前进动力。

二是保持足够的耐心。

由于信息不对称，我们在求职时可能要花费很长时间。根据我的观察，要想找到一份令自己满意的工作，所需时间最短是一个月，最长可能是两年，极端情况下，甚至需要更长时间。求职时间的长短，主要取决于外部环境和个体差异两大因素。从外部环境来看，宏观经济形势的影响会让某些行业突然冻结招聘，而某些行业求贤若渴。从个体差异来看，每个人的综合能力、工作技能以及社会资源等都存在差异。这就意味着有人能在很短的时间内拿到录取通知，有人则需要付出持续半年甚至更久的努力。如果说情绪稳定是心理准备的基石，那么耐心就是支撑长期作战的支柱。

足够的耐心表现在三个方面：强烈的动机、投入充足的时间和持续的努力。当动机、时间和努力形成合力时，我们就能拥有足够的动力和毅力，克服困难，直至成功。那些最终获得理想工作的人，往往都是在别人放弃时多坚持了一步，在别人将就时多等待了一刻。

维度 2：能力准备

在求职这场没有硝烟的战争中，能力是最关键的硬实力。它不仅仅是简历上的几行技能描述，而是你在竞争中脱颖而出的决定性因素。做好能力准备，打有把握之仗，机会才能从偶然变成必然。

能力准备首先要从审视自我能力开始。你要根据自己的求职意向，调研岗位要求，特别是关于技能方面的具体要求，盘点自身的工作技能，如计算机、外语等基本技能以及特定的专业技能等是否符合岗位要求，然后分析自己与目标工作要求的能力差距。哪些技能已经达标？哪些还需要恶补？这个过程可能有些痛苦，但绝对必要。

在明确差距后，要制订精准的能力提升计划。对于那些需要恶补的技能，可以考虑找个培训班好好学习一下，或进行充分的实践，从而获得实际操作经验，使自己的工作能力获得提升。对于工作中不可或缺的硬技能，最好获得权威认证。比如想进入财务领域，注册会计师证书就是一块重要的敲门砖；向往项目管理岗位，PMP 资格证书则能显著提升竞争力。这些含金量高的证书不但是能力的证明，更展现了你积极的职业态度。

个人简历是能力展示的第一道关卡。一份出色的简历不是经历的简单罗列，而是个人品牌的完美呈现。你需要用精准的语言，回顾自己的工作经历，盘点自己在知识、技能、工作经验方面的优势，并将自己的价值清晰地呈现在简历中，确保简历在 HR 的快速筛选中脱颖而出。

面试环节则是检验综合实力的主战场。面试可能会直接决定你的求职能否成功，因此，你需要研究面试的每一个环节、每一个问题以及如何充分应对和准备。最好提前准备 3～5 个真实的成功工作案例，覆盖团队合作、问题解决、创新思维等常见考核维度。同时，要模拟各种可能的面试情境，包括情景面试、案例分析等特殊形式。可以请专业人士担任模拟面试官对你进行面试，录制面试过程后逐帧分析，一个多余的手势、一句不当的措辞都不要放过。

记住，能力提升是一个渐进的过程，不要期望一夜之间脱胎换骨。持续而系统的积累，才会让你在求职时展现出令人信服的专业实力。当你的能力图谱与岗位要求高度契合时，好工作自然会找上门来。

维度 3：信息准备

除了心理准备和能力准备，信息准备也同样重要，这是打破信息不对称的重要方式。

你可以搜集求职成功案例，从中提炼有用的经验。比如，找身边值得信赖的、从事人力资源工作的朋友，了解有关招聘的所有流程和关键要素；询问身边已经有过求职成功经历的朋友，请教一下他是如何找到这份工作的，有哪些成功经验和避坑指南；买一些有关求职的图书，从中获取一些能快速上手的求职技巧。这种方法在心理学中被称作替代学习，也就是通过观察他人的经历，从中提炼获得成功的方法论。

充分的信息准备还包括对职场生态的全面了解。每个行业都有其独特的运行规则、发展周期和人才需求。在数字经济时代，职业的变化速度前所未有，一些传统职业正在消失，新兴职业不断涌现。如果没有系统的职业调研，很容易陷入"刻舟求剑"的困境——用过去的认知应对已经变化的市场。聪明的求职者会通过行业报告、专业人士访谈、实地考察等方式，绘制出立体的职业地图，明确自己的目标定位。

维度 4：人脉准备

人脉网络的经营是现代求职不可或缺的一环。因此，求职准备必须包括人脉资源的激活与拓展。优质的人脉就像职业发展的"雷达"，往往能帮你发现那些潜在的求职机会。

维度 5：体能准备

求职是一场持久战，需要充沛的精力和体力作为支撑。建立规律的作息，保持适度的运动，这些看似与求职无关的准备，也是让你在高压的求职过程中展现出最佳状态的重要因素。

将以上维度串联起来，就构成了一个环环相扣的求职准备系统。当这个系统良性运转时，你就不再是被动等待机会的求职者，而是能够主动塑造职业轨迹的规划者。你会发现自己不再盲目地海投简历，而是能够精准锁定最合适的机会；不再在面试中被动应对，而是能够游刃有余地对话；不再在薪资谈判时底气不足，而是能够有理有据地争取应得的回报。

为了帮助读者更准确地评估自己的求职准备情况，我根据自己的实践经验，特别设计了一份求职准备工作可视化清单（见表 1-1）。读者可以对照着这份清单，判断自己是否已经做好了充足的准备。

表 1-1　求职准备工作可视化清单

求职准备工作关键要素描述	是或否
1. 我是否已经下定决心开始找工作	
2. 找工作可能会遇到一些困难，我是否做好了心理准备	

（续）

求职准备工作关键要素描述	是或否
3. 我的简历是否已经撰写完成	
4. 我知道未来五年要达成什么样的职业目标吗	
5. 我知道理想的工作岗位是哪些吗	
6. 我知道理想的行业或工作单位是哪些吗	
7. 综合考虑薪资和岗位性质，我知道可接受的最低标准的岗位是哪些吗	
8. 我知道适合自己的找工作途径有哪些吗	
9. 我知道理想的薪资待遇是多少吗	
10. 我知道最低可接受的薪资待遇是多少吗	
11. 我知道自己在工作中的优势有哪些吗	
12. 我知道自己哪些方面的能力比较出众吗	
13. 我知道自己在工作中的劣势有哪些吗	
14. 我知道在未来一年内，需要提升的技能有哪些吗	
15. 我了解招聘和面试的流程吗	
16. 我知道面试时有哪些问题会被问到吗	
17. 我知道怎样在面试过程中展现自己的优势吗	
18. 我知道如何谈劳动合同吗	
19. 我知道新工作能给我带来哪些价值吗	
20. 我知道新工作给我带来的风险有哪些吗？我知道如何应对吗	
总计得分：	

备注：问卷中每答一个"是"就加 5 分，满分 100 分，分数越高说明准备得越充分。

系统性的求职准备，将为你打造职业发展的

"元能力"。它不但能帮助你赢得眼前的工作机会，更能培养你终身受用的职业发展能力。在这个充满不确定性的时代，这种能力或许比任何单一技能都更为珍贵。因为当你掌握了系统性准备的方法时，你就掌握了在职场中持续进化的密码。

CHAPTER 2

第 2 章

做好职业规划，锚定人生坐标

好的职业规划成就一生

在踏上求职征程时，很多人的第一步是匆忙投递简历、广撒网式地寻找机会。然而，这种本末倒置的做法往往事倍功半。找工作的第一要务，不是急着投简历，而是静下心来做好职业规划。

在这个信息过载的时代，"盲目求职也能成功"的幸存者偏差极具迷惑性。这种幸存者偏差掩盖了一个残酷的事实：没有规划的职业发展往往需要付出惊人的试错成本。数字化浪潮正在重塑每一个行业的游戏规则，如今的职场环境呈现出典型的 VUCA 特征——充满易变性（Volatility）、不确定性（Uncertainty）、复杂性（Complexity）和模糊性（Ambiguity）。在这片职业丛林中，没有规划的人就像迷失方向的探险者，虽然也在前行，却可能在不经意间陷入职业发展的沼泽或错过隐藏的机遇。

职业规划的价值在这种背景下愈发凸显。它不仅是导航仪，帮助我们识别发展方向；更是风险预警系统，让我们避开职业陷阱。那些看似偶然的成功，背后往往都有系统性规划作为支撑。就像优秀的探险家既要熟悉地形图，又要准备应急预案，我们在求职时也需要建立动态的职业规划体系，从而在变革浪潮中把握主动权。

1. 职业规划是个人发展的导航系统

就像开车时导航系统会为我们提供路线指引一样，职业规划能帮助我们明确发展方向，使我们不会在职场中迷失。没有规划的职业发展，就像没有目的地的航行，即使再努力也可能事倍功半。通过职业规划，我们可以清楚地知道自己现在的位置和想要到达的目的地。更重要的是，它能为我们规划实现目标的最优路线，包括：需要提升哪些技能？

应该把握哪些关键机会？可能遇到哪些挑战？如何未雨绸缪？

　　值得注意的是，有效的职业规划需要定期调整。有关研究表明，最初的职业规划往往是从职业幻想开始的，随着实践的深入，随着对现实情况的不断认识，随着个人的成长，会对当初的幻想进行调整，最终找到适合自己的职业目标。就像导航系统需要定期更新地图数据一样，我们的职业规划也要保持动态优化。

2. 职业规划是实现自我价值的赋能引擎

　　职业规划是实现自我价值的赋能引擎，它犹如一座桥梁，连接着现实与理想，指引我们在职场中找到真正属于自己的位置。

　　通过职业规划，我们得以拨开迷雾，发现内心真正的渴望与潜能。它帮助我们看清自己的优势与劣势，将抽象的人生理想转化为具体的职业目标。这种转化不是简单的目标设定，而是对自我认知的不断深化与重构。

职业规划还为我们的成长提供了持续的动力源泉。当我们沿着规划的路径前行时，每一个小目标的达成都在为更大的突破积蓄能量。这种积累不是简单的线性叠加，而是会产生质的飞跃。就像溪流终将汇成江河，有规划的职业发展最终会引领我们到达意想不到的人生高度。

更重要的是，职业规划让我们在工作中找到超越物质回报的意义。它帮助我们建立工作与人生价值的深层连接，使平凡的日常工作升华为实现自我价值的载体。这种内在驱动的工作状态，往往能激发出惊人的创造力与持久的热情。

3. 职业规划赋予我们更长远的视角

我们常说"选择比努力更重要"，却少有人意识到：优质的选择能力本身就是持续修炼的结果。就像下围棋，新手看到的是眼前的一子得失，高手考虑的是百手后的局面。职业规划赋予我们的正是这种长远视角——在毕业后选择第一份工作时，就能预见它可能打开的门和关闭的窗；在行业巅峰期，能察觉潜伏的危机并提前布局。

当我们把视线拉长到整个职业生涯，还会发现，职业规划是对生命质量的深度投资。这项投资遵循着复利法则——年轻时投入的规划思考，将在未来几十年持续产生价值回报。

职业规划要求我们在二十多岁时像建筑师般勾勒蓝图，在三十多岁时如园丁般耐心培育，在四十多岁时如智者般懂得取舍。这个过程没有标准答案，但遵循一个共同的原则：既要脚踏实地，满足当下需求，又要仰望星空，保持进化可能。当我们用系统化的思维来经营职业生涯时，每一次选择都会成为通向理想生活的阶梯。也因为这种持续的规划，我们才能最终实现职业成功与人生幸福的和谐统一。

由此可见，真正的职业规划最终指向的是人生幸福。它超越了单纯的职位晋升或薪酬增长，关注的是如何在工作中实现个人的全面成长。当我们以这样的高度看待职业规划时，它就不再是外在的工具，而成为内在的成长哲学，指引我们在职业生涯的每个阶段都能活出生命的深度与广度。

自我认知是职业规划的基石

很多人站在职业选择的十字路口时，常常被外界的喧嚣干扰——热门行业的财富神话、同龄人的晋升速度、社会对"成功"的定义……这些声音交织在一起，让人不知不觉中把别人的地图当成了自己的路标。在多年的职业咨询实践中，我发现很多人的职业困境往往有着相似的根源：一位精算师享受与人沟通的快乐，却不得不每天与枯燥的数字博弈；一位销售冠军手握高薪，却在深夜质疑工作的意义。这些职业倦怠的实质，都是自我认知与职业轨迹的错位。

古希腊德尔斐神庙墙上镌刻的"认识你自己"

的古老箴言，之所以历经千年依然被奉为圭臬，是因为它道破了人类永恒的课题——"认识自我"是把握未来的前提。而职业规划，也始于深刻的自我认知，并且是整个规划过程中最基础也最关键的环节。

真正的自我认知，不是贴标签式的性格测试，而是持续挖掘真实自我的过程。当程序员发现自己痴迷的不是代码本身，而是用技术解决现实问题时，他的职业半径就从敲键盘的工位扩展到了产品创新的疆域；当教师意识到比起传授知识，自己更擅长激发学生的成长潜能时，他的职业形态就可能从课堂讲授转向教育咨询。这些蜕变都始于对真实自我——那些潜藏在日常行为下的价值取向，那些尚未转化为职业优势的潜在特质，那些连本人都未曾察觉的深层动机等的深度觉察。

那么，怎样才能建立有效的自我认知呢？

在职业生涯理论中，有三个关键要素构成了自我认知的核心框架：

- 价值观如同指南针，指引我们选择与内心契合的职业方向。
- 能力是职业发展的基石，决定了我们能够胜任的工作范围。
- 兴趣则是动力源泉，影响着我们对工作的热情和持久性。

了解你的使命和价值观

那些让我们甘愿为之努力付出甚至熬夜奋战的工作，往往都藏着一个真相：它们与我们的使命和价值观同频共振，唤醒了我们内心深处的信念。在深夜的手术室里，医生额头的汗水折射出的不只是职业素养，更是对生命的热爱；谈判桌前彻夜修改并购方案的投资人，电脑屏幕映出的不只是数字，还有对商业文明的景仰。这种超越薪水的坚持，正是使命与价值观在职业生涯中投射的光芒。

积极心理学家彭凯平教授指出，人生的幸福感源于"有意义的快乐"。这种意义很大程度上来自我们的使命、价值观与职业选择的契合。当我们在工作中能够践行自己珍视的信念时，即便面对重重困难，这种使命、价值观与职业的深度共鸣也会给我们带来源源不断的动力，让我们内心涌现出不可思议的力量。

多年前，我作为管理咨询顾问参与了一家大型企业的战略转型项目。那段时间的工作强度令我至今难忘：白天与客户进行高强度的问题讨论，晚上伏案撰写改革方案到深夜，短短半年时间，我的体重骤减十多斤。但是，这种身体上的疲惫并没有转化为精神上的倦怠。因为我深知，我正身处一个特殊的历史节点——中国大型国企从传统管理模式向现代化管理体系转型的关键时期，我站在了管理制度改革的最前沿，正在为祖国的经济建设贡献着自己的力量。我们设计的每一个流程优化方案，都在助力企业突破发展瓶颈；我们推动的每一项制度改革，都在为经济转型积累实践经验。这种使命感让每一个加班的夜晚都充满意义，让所有付出与辛劳都变得值得。

我的一位医生朋友的经历同样诠释了使命与价值观如何影响一个人的职业轨迹。她的父亲突发脑梗死离世，这使她在高考时毅然决然地报考了医科大学，选择医生作为自己的终生职业，把救死扶伤作为自己一生为之奋斗的使命。

使命是一种信念，是你要承担的社会责任或家庭责任。身为公民，无论是哪种社会角色，都需要承担一些必要的责任，有人肩负着救死扶伤的责任，有人肩负着家学传承的责任……责任意味着你被他人需要，是我们体现价值的方式。了解自己肩负的责任可以帮助你更好地平衡权利与义务的关系。拥有使命感的工作，会令你在工作时感受到更加积极的情绪。

价值观，简而言之就是那些对我们真正重要的事。在工作中，有人追求丰厚的收入，有人看重社会地位，也有人渴望自由独立。心理学家马丁·卡茨对 250 种职业进行了深入研究，将工作价值观归纳为十种类型。其中，至今仍在使用的价值观有：社会贡献、高收入、独立性、领导、休闲、社会声望、稳定性和多样性。但是，需要注意的是，这些价值观很难在同一份工作中全部实现，有些价值观甚至是相互冲突的，比如追求高收入可能意味着要放弃稳定性，向往领导岗位就难以保持独立性。这就像人生的选择题，需要我们在做自我评估的时候对这些价值观进行优先级排序，并有所取舍。

认清价值观的过程如同在迷雾中绘制地图。最初我们容易把社会期待误认为自己的追求，需要经历若干次认识、实践、再认识、再实践之后，我们才能真正明白自己最重视的是什么。我也是在做了好几种工作之后才发现，作为咨询顾问促进个人成长、帮助企业改进战略、推动组织进化带来的社会价值让我获得了巨大的成就感，于是决定将这份职业作为自己未来十年的职业目标。

那些能在职业生涯中保持定力的人，往往早早完成了价值观的锚定。人们在 35 岁后的职业选择尤其需要价值观的稳固支撑。我见过太多中年转型的成功案例，他们的共同点不在于能力出众，而在于清楚知道自己要坚持什么。而长期坚守带来的职业复利和工作成就，会在工作数年后或数十年后陡然显现。

了解你拥有的能力

能力是顺利完成特定工作所必需的心理特征总和，它架起了个人禀赋与社会需求的桥梁，是我们通过劳动创造价值、实现自我发展的基础。

心理学将能力解构为多种因素，我在这里选取了与职业最为相关的三大要素：天赋特质构成能力的原始基因，知识技能形成能力的实践载体，精力水平决定着能力的输出功率。这三者相互影响、相互促进，直接决定了我们的职业发展潜力。

1. 天赋特质

天赋特质是个体与生俱来的心理特质，心理学上有很多理论和流派对天赋特质进行了定义，在我看来，天赋特质表现为对特定类型事物的敏感性和兴趣。

美国劳工部和美国大学测试（ACT）项目的研究人员将工作者的天赋分为四种类型（见图2-1）：

- **人际型天赋**：具有突出的社交敏感度，擅长处理人际关系。典型职业包括销售经理、人力资源专家、心理咨询师等。这类人群在团队协作、冲突调解等方面表现突出。

- **事务型天赋**：对具体事物具有强烈兴趣，擅长操作实践。典型代表如机械工程师、生物学家、厨师等。他们往往在动手能力、细节把控方面具有优势。

- **数据型天赋**：对数字信息敏感，擅长逻辑分析。会计师、精算师、数据分析师等职业往往需要这种天赋。

● **概念型天赋**：擅长抽象思维和理论建构。科学家、哲学家、战略顾问等职业需要这种天赋。

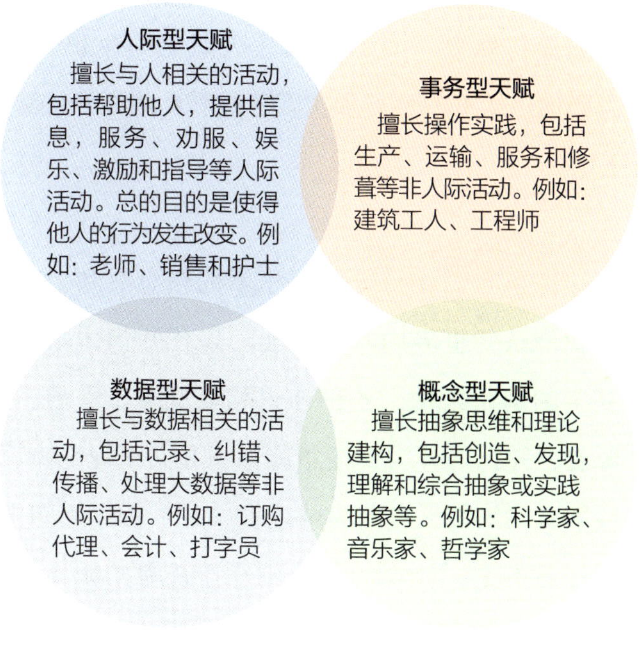

人际型天赋
擅长与人相关的活动，包括帮助他人，提供信息，服务、劝服、娱乐、激励和指导等人际活动。总的目的是使得他人的行为发生改变。例如：老师、销售和护士

事务型天赋
擅长操作实践，包括生产、运输、服务和修葺等非人际活动。例如：建筑工人、工程师

数据型天赋
擅长与数据相关的活动，包括记录、纠错、传播、处理大数据等非人际活动。例如：订购代理、会计、打字员

概念型天赋
擅长抽象思维和理论建构，包括创造、发现，理解和综合抽象或实践抽象等。例如：科学家、音乐家、哲学家

图 2-1 工作者的四种天赋类型

人们在幼年时期就会展现出各自不同的天赋，很多5～7岁的儿童就已经显现出明显的天赋特征。成年以后，通过专业测评、行为观察和成就回溯等

方法，我们也可以准确地了解自己的天赋特质。建议记录下那些让你拥有"心流"[⊖]体验的活动，这些往往是你的天赋所在。

需要提醒的一点是，虽然天赋是与生俱来的，但需要通过持续的学习和实践才能转化为职业优势。

2. 知识技能

知识是我们在特定领域积累的信息总和，它构成了我们认知世界的基础框架。现代知识体系呈现出复杂的网状结构，各种知识相互交叉、渗透。从来源看，知识可分为直接经验知识和间接理论知识；从性质看，知识又可分为陈述性知识和程序性知识。值得注意的是，知识的价值不在于简单的积累，而在于能否形成系统化的认知结构。

技能是将知识转化为实际效能的桥梁。研究表明，技能一旦通过刻意练习掌握，就会形成稳定的

⊖ 心流理论来自心理学家米哈里·契克森米哈赖撰写的《心流》一书，心流指人们在做一件事时完全投入其中，体验到一种高度愉悦的状态。

"肌肉记忆"，即使在长时间不使用后也能较快恢复。这也是为什么许多企业更看重应聘者的实际技能而非单纯的知识储备。

技能可分为通用技能和专业技能，其中，通用技能是指我们在任何一份工作中都可能需要的能力。美国佛罗里达州立大学的生涯档案系统列出了九大核心通用技能：

- 沟通：包括阅读、书写、剪辑、倾听、陈述和人际关系等技能，是职场最基本的生存技能，因为它们涉及人们之间的信息传递。优秀的沟通者不仅能够清晰表达，更能深度倾听。从邮件撰写到公开演讲，从团队讨论到跨文化沟通，这项能力贯穿职业生涯始终。

- 创造力：创造力包括许多不同领域（如艺术、文学、机械和社会科学等）的技能。在人工智能时代，创造力成为人类区别于 AI 的核心优势。它表现为突破常规的思维方式，能够将看似不相关的概念进行创新性组合。

- **批判性思维**：是指在某种情景或组织中找出问题，思考问题的复杂性，通过研究搜集证据，评估解决问题的各种方法，最终得出结论或找到解决办法。在寻找解决问题的各种方法时，你需要同时考虑它们的可能性和恰当性，在比较这些方法时，你需要一些衡量指标，这些指标可能来源不同。

- **领导力**：是指为团队制定目标并指明方向的能力，当你提出某种计划或方法来达成团队目标时，你就已经是一个领导者了。领导力可能包括在某件事上提出动议以促使团队采取行动的能力，还包括给其他人委派任务或权力的能力，以及激励他人的能力。真正的领导力不是职位赋予的，而是通过远见、担当和影响力自然获得的。

- **生活管理能力**：生活管理能力既包括时间管理能力（既指长期的项目或活动中的时间管理，也指日常生活中的时间管理，包括准时、为行动做好准备等），也包括适应变化的能

力、管理财务的能力（如做预算、评估收入
与支出和保留详细记录等）。

- 研究 / 项目开发能力：是指为解决问题和制定
  决策而搜集信息的能力。在对某个问题进行
  研究时，阅读并评估先前的工作报告，或收
  集新数据，并在书面或口头报告中进行总结，
  以提供新的信息。除了研究问题，还要为项
  目提出一系列合理的行动措施，如关于项目
  方向以及项目协调配合的计划，以确保在追
  求成本效益的前提下达到目标。

- 社会责任：尊重个体差异和文化差异，能发
  现他人（尤其是那些思想和个性特征与众不
  同的人）身上令人钦佩的品质。具备社会责
  任的个体会定期、积极参与社区建设活动。

- 团队合作：是指在团队中提出观点，鼓励团
  队利用优势最小化弱点，使团队成员相互合
  作、彼此协商的能力。有效的团队合作能够
  更好地承担与他人一起达到目标的责任。

- 科学与技术应用：与社会科学、生物学和物

理学等领域的经验有关，当前最为常见的科学与技术应用技能是计算机应用。

专业技能是指我们在特定领域创造价值的独特能力，需要通过专业学习、培训、实践和经验积累才可以获得。根据准入要求的不同，专业技能可分为两类：一是准入类专业技能，如医师、律师、会计师等需要通过国家统一考试取得执业资格。这类职业往往关系到重大公共利益，因此设置了严格的准入门槛。二是水平评价类专业技能，如市场营销、人力资源管理等，更看重实际工作能力。企业通常会根据岗位需求制定个性化的评估标准。

值得注意的是，随着产业融合加速，专业技能呈现出多学科融合的趋势。比如，数字化营销融合了传统营销知识和新兴数字技术，运动康复所需要的专业技能则融合了体育学、临床医学、护理学、心理学等多个学科。

对能力的理解，国内外有很大差异。在此，我呼吁将社会责任和职业道德纳入能力体系建设之中。

社会责任与职业道德不仅仅是价值观层面的概念，还是能够落实到可操作层面的具体行为，美国佛罗里达州立大学的通用技能清单就将社会责任的概念落实到了行为层面，值得我们借鉴。

在了解自己的知识技能时，我们可以采用三维评估法：

- 知识图谱绘制：列出自己掌握的主要知识领域，评估其深度和系统性。特别注意那些交叉领域的知识融合情况。
- 技能清单梳理：对照通用技能和专业技能清单，客观评估自己的掌握程度。可以邀请同事或上级提供第三方视角。
- 差距分析：比对目标岗位的职位描述，识别当前能力与目标岗位要求的差距，制订针对性的提升计划。

如果发现自己在某些知识或技能上存在不足，采取有针对性的策略进行提升，比如，通过课程培训、专业阅读等方式补齐知识短板；针对技能弱点设计专项训练；向领域内的专家请教经验。最重要的是，要将所学应用到实际工作中，实践不仅是检验真理的标准，更是巩固学习成果的最佳途径。

正如乔布斯在斯坦福大学演讲中所说："你无法预先把点点滴滴串联起来，只有在回顾时才会明白那些点点滴滴是如何串在一起的。"知识和技能的积累也是如此，当下看似零散的学习和练习，在未来的某个时刻往往会展现出它们的价值。

3. 精力水平

在职业发展的过程中，精力水平往往是最容易被忽视却至关重要的变量。将精力水平纳入能力要素，是我经过多年的实践和观察得出的结论。

精力包括精神能量和身体能量两个方面，早期的职业体系主要考量身体能量因素，将体力劳动强度作为职业分类的重要标准。然而，随着知识经济时代的到来，社会分工日益复杂化和精细化，精神能量的重要性日益凸显。神经科学研究显示，高强度的脑力劳动所消耗的能量丝毫不亚于体力劳动。

身体能量包括基础体能、健康状况和生物节律等，它们决定了我们每天能够承载的工作强度，而精神能量包括专注力、意志力和情绪调节能力等，决定着我们在压力下的表现和持续专注的能力。这两者相辅相成，共同构成了我们的职业续航力。在现代职场中，那些看似"超人"的表现，往往不是源于天赋异禀，而是出色的精力管理。

被誉为"全球第一 CEO"的通用电气前掌门人杰克·韦尔奇就是精力管理的典范。他在自传中透露了令人叹服的工作节奏：不仅日常工作时长远超常人，而且在假期中，他也会巧妙地将工作与休闲结合——邀请核心团队到郊外野餐，在轻松的氛围中继续探讨企业战略。这种将工作融入生活的独特方式，展现了他异于常人的精力储备。

日本经营之圣稻盛和夫同样展现了惊人的精力水平。这位缔造了两家世界 500 强企业的管理大师，在耄耋之年毅然接手濒临破产的日本航空。在短短一年内，他不仅带领日航扭亏为盈，更创造了超乎想象的利润奇迹。回溯他的职业生涯，他是一位不折不扣的"工作狂"，从年轻时在实验室通宵达旦攻克技术难题，到晚年临危受命拯救民族企业，数十年保持高强度的工作状态。

人与人之间除了精力水平有强弱之分，在精力分配上也有巨大差异。从本质上来说，精力分配是一种价值排序。在这个过程中，价值观扮演着指挥棒的角色，无声地引导着我们的精力流向。当家庭与事业的天平需要倾斜时，不同的价值观会导向截然不同的选择：有人选择暂别职场做全职妈妈，将自己的精力倾注于子女教育与成长；有人则义无反顾地将时间投入事业，在职场中追逐梦想。这些选择没有对错之分，只有适合与否，重要的是认清自己的精力特点和价值取向。

当然，不同的职业对精力的要求千差万别。有些职业只要求在规定工作时间内付出精力就可以，如银行柜员、护士、飞行员、空乘人员等。而有些职业需要付出超出规定工作时间的精力才可以完成，如公司高层管理人员、电影导演、大客户销售、IT系统维护人员等，这些职业需要经常面对突发任务，或者需要长时间地持续投入精力才能完成一项庞大复杂的工作任务。比如，大客户销售需要 24 小时待机，大多数情况下，只要客户需要，无论什么时间，销售们都要及时出现在客户面前；IT 系统维护人员可能在深夜被叫醒处理系统故障；电影导演在关键拍摄期常常连续工作 16 个小时以上；企业高管更是以"三随时"为工作常态——随时开会、随时决策、随时出差。值得注意的是，随着数字化转型加速，越来越多传统意义上的"规律工作"正在向"弹性高强度"转变。就像 IT 系统维护岗位，过去可能有明确的轮班制度，现在则演变为"云值守"模式——故障警报可能在任何时间响起。

这种职业精力需求的差异，本质上反映了工作性质的深层区别：前者偏重流程执行，后者侧重危机应对和创造性产出。理解这种差异，对职业选择至关重要。用登山做个比喻，攀登珠穆朗玛峰和徒步郊游需要的体力和技术储备是完全不同的。

认识自己的精力水平，是做出正确职业选择的前提。我们可以通过记录每天的精力波动、观察自己在不同工作强度下的表现、评估压力恢复速度等方式，绘制出个人的精力图谱。这个过程就像给自己的身体和精神做一次全面体检，帮助我们找到最合适的职业节奏。

在这个充满选择的时代，最明智的职业决策或许不是追逐最耀眼的职位，而是找到与自身精力特点最匹配的发展路径。因为真正的职业成功不在于一时的辉煌，而在于能否在漫长的职业生涯中保持身心健康，持续创造价值。

我们也可以采取系统性的措施提升自己的精力水平，从保证充足的睡眠开始，到培养科学的饮食习惯，再到建立有效的压力调节机制，每一步都在为我们的职业引擎加注高质量的能量。更重要的是，要学会在工作和生活之间找到平衡点，建立可持续的精力管理模式。毕竟，职业发展不是短跑冲刺，而是需要持久耐力的马拉松。

了解你的兴趣

心理学将兴趣定义为个体对特定事物产生的持久而积极的倾向性。在职业发展道路上，兴趣如同灯塔，指引着我们找到真正适合自己的职业方向。在职业选择中，兴趣被认为是最重要的因素之一，因为它能激发出三种关键力量：

首先，兴趣是最好的内驱力。当我们在做感兴趣的事情时，大脑会释放多巴胺等令人愉悦的物质，这种天然的奖赏机制让我们愿意持续投入。

其次，兴趣是毅力的源泉。职业发展从来不是一帆风顺的，唯有真正的兴趣才能让我们在遭遇挫折时不轻言放弃。乔布斯在被自己创立的公司解雇后，依然坚持创新，最终王者归来，正是因为他的热爱。

最后，兴趣是成就卓越的基石。研究发现，在某个领域达到顶尖水平的人，平均需要投入至少 1 万小时的刻意练习。如果不是真正感兴趣，很难想象有人能坚持如此长时间的高强度训练。

每个人都有自己的兴趣和爱好，把兴趣变成职业是件非常幸福的事。但是，很多人在被问到自己的兴趣是什么的时候，经常感到茫然。一些心理学理论可以帮助我们更好地思考这个问题。

美国心理学家约翰·霍兰德提出的职业兴趣理论，至今仍是职业规划领域最具影响力的理论之一。他根据个体兴趣和职业选择的关系提出了人业互择理论，凡是个体感兴趣的职业，都可以提高个体的工作积极性，使个体积极地、愉快地从事该职业。职业兴趣还与人格之间存在很高的相关性。同一类型人格特征和合适的职业相互结合，不仅会增加个体的满意度和成就感，使其很快达到适应状态，而且更能发挥个体的积极性，从而实现自身价值。职业兴趣理论根据个性差异和选择倾向，把人格特质分为了六种类型，每种人格对应不同的职业群。这个理论之所以经久不衰，正是因为它抓住了职业选择的核心——兴趣与环境的匹配度。

1. 社会型人格

拥有社会型人格的人天生就是人际关系的艺术家。他们善于言谈，喜欢与人交往，关心社会问题，渴望发挥自己的社会作用，像阳光一样温暖着周围的人，在教育、咨询、社会工作等领域如鱼得水。这类人往往能在帮助他人的过程中获得极大的满足感，他们的价值不在于创造了多少物质财富，而在于改变了多少人的生活。

典型职业：适合从事与人打交道的工作，如教育工作者（教师、教育行政人员）、社会工作者（咨询人员、公关人员）等。

2. 企业型人格

拥有企业型人格的人是商业世界的弄潮儿。他们追求权力、权威和物质财富，具有领导才能；喜欢竞争，有野心，有抱负；为人务实，习惯以利益得失、权力、地位和金钱等衡量价值，做事有较强的目的性。他们眼中看到的不仅是现状，更是可能性。他们血液里流淌着冒险精神，脑海中时刻盘算着下一个机会。从创业公司 CEO 到投资银行家，从政治领袖到销售冠军，这些人共同的特点是把挑战视为乐趣，把压力当作动力。

典型职业：适合从事要求具备经营、管理、劝服、监督和领导才能，以实现政治、社会及经济目标的工作，如项目经理、销售人员、营销管理人员、政府官员、企业领导者、法官、律师等。

3. 常规型人格

拥有常规型人格的人是社会运转的隐形支柱。他们尊重权威和规章制度，喜欢按计划办事，细心、有条理，习惯接受他人的指挥和领导，自己不谋求领导职务；更关注实际和细节情况，通常较为谨慎和保守，缺乏创造性，不喜欢冒险和竞争，富有自我牺牲精神。他们可能不会成为聚光灯下的明星，但任何组织都离不开他们的贡献。他们具备细致入微、精益求精的特质。

典型职业： 适合从事要求注意细节与精确度，系统化，有条理，需要记录、归档、根据特定要求或程序组织数据和文字信息的工作，如秘书、办公室人员、记事员、会计、行政助理、图书馆管理员、出纳员、打字员、投资分析师等。

4. 实际型人格

拥有实际型人格的人用双手创造看得见的价值。他们动手能力强，做事手脚灵活，动作协调；偏好于具体任务，不善言辞，做事保守，较为谦虚；缺乏社交能力，通常喜欢独立做事。这些职业需要的不仅是技能，更是专注和耐心。在这个追求速成的时代，匠人精神显得尤为珍贵。

典型职业： 适合从事需要使用工具、机器以及基本操作技能的工作，如计算机硬件人员、摄影师、制图员、机械装配工等技术型职业，或木匠、厨师、技工、修理工、农民等技能型职业。

5. 研究型人格

拥有研究型人格的人是真理的探索者。他们是思想家而非实干家，抽象思维能力强，求知欲强，肯动脑，善思考，不愿动手，喜欢做独立的、富有创造性的工作；知识渊博，有学识才能，不善于领导他人；考虑问题较为理性，崇尚精确性，喜欢逻辑分析和推理，不断探讨未知的领域。

典型职业：适合从事科学研究人员、教师、工程师、电脑编程人员、医生、系统分析员等工作。

6. 艺术型人格

拥有艺术型人格的人是人类灵魂的表达者。他们具有创造力，乐于创造新颖、与众不同的成果，渴望表达自己的个性，实现自身的价值；做事理想化，追求完美，不重实际。他们的价值不在于遵守规则，而在于打破常规。具有一定的艺术才能和个性，善于表达、怀旧。

典型职业：适合从事要求具备艺术修养、创造力、表达能力和直觉的工作，如演员、导演、艺术设计师、雕刻家、建筑师、摄影家、广告制作人等艺术类工作，歌唱家、作曲家、乐队指挥等音乐类工作，以及小说家、诗人、剧作家等文学类工作。

了解自己的兴趣不是一蹴而就的，而是需要持续探索的。我们可以通过以下方式发现自己的兴趣所在：

第一，留意那些能让你进入"心流"状态的活动。当你在做某件事时完全投入，忘记了时间的流逝，这种体验往往指向你真正的兴趣所在。

第二，回顾过去让你感到成就感的经历。那些不需要外部奖励就能让你感到满足的事情，很可能就是你的兴趣所在。

第三，尝试新事物。兴趣有时是在实践中被

发现的，保持开放的心态，给自己接触不同领域的机会。

第四，观察你羡慕的人。我们对他人的羡慕往往反映了内心未被满足的渴望，这些线索可以帮助我们更了解自己。

第五，不要害怕改变。兴趣会随着阅历的增长和视野的拓宽而改变，昨天的热情可能变成今天的习以为常，今天的尝试可能成为明天的热爱。

在这个快速变化的时代，唯一不变的就是变化本身。但无论外部环境如何改变，兴趣始终是我们内心的指南针。

值得注意的是，虽然兴趣是职业选择的重要指南，但职业选择不能仅凭兴趣。巴菲特给年轻人的建议充满智慧——找到即使在不需要工作的时候，你也喜欢做的工作。这句话道出了职业幸福的真谛。但同时，这位投资大师也深知现实的重要性，他建议年轻人可以在寻找理想工作的过程中，先解决生存问题。尤其是在面临经济压力时，能力与市场需求应成为更紧迫的考量因素。但这并不意味着要放弃兴趣追求，而是要在现实基础上，逐步向兴趣靠拢。就像登山，我们可以先到达一个营地，然后再向顶峰进发。

还需要注意的是，虽然几乎所有的职业生涯理论都把个人兴趣作为职业发展中最根本的动力，以及求职过程中最需要考虑的因素，但是，如果说兴趣是求职的上限，那么，能力则是求职的下限。如果没有能力作为依托，我们是无法胜任相应的工作的。因此，能力是求职的第一关键因素，而不是兴趣。尤其是当一个人面临生存压力、急需找到工作来走出经济困境的时候，一个人的能力水平和市场的稀缺程度决定了他能够找到的工作类型，在这种状态下，技能和价值观会决定你的短期职业选择，而当人们开始寻求自我实现的时候，兴趣对职业发展的驱动力就会显现出来。职业规划，本质上是一场与自我的深度对话。这个过程需要我们循序渐进地认清自己的价值观、能力边界和兴趣所在，就像拨开迷雾般逐渐看清真实的自我。当我们暂时放下对外在成就的追逐，静心聆听内心的声音，那些职业选择的困惑往往就有了答案。这样的自我探索并非易事，但正如古希腊哲人苏格拉底所言，"未经省察的人生不值得过"，认识自己，永远是规划未来的第一步。唯有真正了解内心所求，才能在纷繁复杂的职业选择中找到属于自己的方向。

明确职业方向

在职业发展的迷宫中，很多人举着火把却找不到出口，因为他们只照亮了局部，而非全貌。真正清晰的职业方向，需要价值观、能力和兴趣三束光共同聚焦——价值观告诉我们"应该做什么"，能力界定"能做什么"，兴趣揭示"喜欢做什么"。

想象三个相互交叠的圆圈——价值观、能力和兴趣，理想的职业方向就位于这三个圆圈的交集区域，如图 2-2 所示。找到这个交集，我们就找到了自己的"职业定位"。

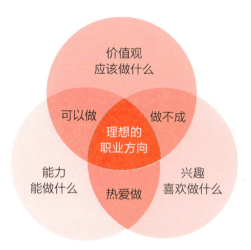

图 2-2　通过三圈交集确定理想的职业方向

具体来说，理想的职业方向，可以从三个维度来进行探寻：

- **价值观匹配**：工作与你最核心的人生信条产生了深刻共鸣，让你感到有意义，这种共鸣会转化为源源不断的内在动力。
- **能力胜任**：你的天赋特质、知识技能、精力水平与岗位要求足够契合，你有足够的能力完成工作要求，适度的挑战让你保持成长。
- **兴趣驱动**：工作内容本身就能带给你愉悦感

和满足感，工作是你快乐的源泉。

当然，很多时候，我们的职业方向不一定同时满足这三个条件，但在能力胜任的前提下，再具备价值观匹配与兴趣驱动其中之一，就已经是非常不错的职业方向了。

在职业生涯的不同阶段，这三个要素的权重是不同的，这会在很大程度上影响我们的职业方向。

在职业生涯的正常发展阶段，价值观、能力和兴趣三个因素的考量并举，每个人的侧重点都会有所不同。比如，一位资深会计师可能会选择从商业机构转向非营利组织，让自己的专业技能服务于更符合个人价值观和兴趣的领域。这个过渡期往往需要理性地平衡现实与理想，在保持专业水准的同时，逐步向兴趣或价值追求靠拢。

在职业生涯的特殊阶段，比如职业生存期和职业危机期，我们常常面临"生存优先"的现实考量，必须保证有基本的现金收入作为生活保障。这个时

期，能力应该成为最关键的考量因素。在确保能力
胜任的同时，守住价值观的底线，屏蔽外界的杂音，
为未来的发展预留空间。

职业发展的最高境界，则是"实现期"的圆满状
态。这时，价值观、能力和兴趣达到最佳平衡点，工
作成为自我实现的载体。就像经营之圣稻盛和夫年轻
时为生存选择陶瓷行业（能力主导），中期将企业经营
视为修行（价值观凸显），将毕生积累的经营智慧（能
力）、利他主义哲学（价值观）和管理热情（兴趣）完
美融合，创造了带领企业重生的奇迹。这种状态下的
工作，已经超越了谋生手段，成为生命意义的表达。

循序渐进设定求职目标

明确职业方向后，很多人会陷入"知道要去哪
里，却不知道如何去"的困境。这种认知与实践之
间的鸿沟，需要通过科学地设定求职目标来弥合。
真正的目标设定不是简单地罗列几个职位名称，而
是要在系统思考的基础上，把抽象的职业愿景转化

为具象的行动蓝图。

为了帮助大家更好地设定求职目标，我根据自己多年的职业咨询实践经验，基于对上千个职业咨询案例的深度分析，特别设计了系统化的"思维引导工作表"。在这个工具的引导下，求职者可以循序渐进地明确自己的求职目标。

需要注意的是，在职业发展的不同阶段，求职目标的设定需要采用差异化的思维框架。"思维引导工作表"遵循分阶段设计理念（包括表 2-1 的正常发展期思维引导工作表和表 2-2 的生存期/危机期思维引导工作表），帮助求职者精准定位每个发展阶段的核心诉求，精准规划职业发展路径。

表 2-1　正常发展期思维引导工作表

思考维度	具体问题
个人 驱动力	你人生的意义是什么
	你肩负的社会责任或家庭责任有哪些
	在职业发展中，你最看重的是什么（从中选择 1~3 个最重要的：帮助别人、独立性、稳定性、高收入、社会声望、领导力、创新性、团队合作、职业成长、工作与生活平衡）

（续）

思考维度	具体问题
了解过往和现状	你重要的工作经历有哪些
	你有哪些领域的工作经验
	你的天赋有哪些
	你的基本技能有哪些
	你的专业知识有哪些
	你的专业技能有哪些
	你感兴趣的事情或工作是什么
	你的兴趣有哪些价值
	你不想从事的工作有哪些（求职过程中直接拒绝，以节省时间）
	你如何评估自己的精力水平
	在工作和生活之间，你如何分配你的精力
	你是否可以接受超时工作
对未来的设想	你的职业理想是什么
	好好设想一下，你希望五年以后成为什么样的人
	如果以五年为一个周期，你此时此刻迈出第一步的时候要设立什么样的目标
	你会考虑家庭或重要他人对你的职业期待吗？这个期待是什么
就业市场分析	查找感兴趣的职业范围和职业列表（可参考《中华人民共和国职业分类大典》）
	你认为你想进入的职业或行业有什么样的发展前景？是否有较高的失业风险

（续）

思考维度	具体问题
综合分析后确定职业目标	你希望从事的行业有哪些（列出1～3个）
	你希望从事的职业有哪些（列出1～3个）
	你希望就职的用人单位有哪些（包括但不限于企/事业单位、公益组织或行业协会，不设限制，开放视角）
	你希望应聘的岗位有哪些

表2-2 生存期/危机期思维引导工作表

思考维度	具体问题
个人驱动力	你肩负的社会责任或家庭责任有哪些
	你可以接受的价值观是什么（帮助别人、独立性、稳定性、高收入、社会声望、领导力、创新性、团队合作、职业成长、工作与生活平衡）
了解过往和现状	你有哪些重要的工作经历
	你有哪些领域的工作经验
	你的天赋有哪些
	你的基本技能有哪些
	你的专业知识有哪些
	你的专业技能有哪些
	你感兴趣的事情或工作是什么
	你的兴趣有哪些价值
	你如何评估自己的精力水平
	你是否可以接受超时工作

（续）

思考维度	具体问题
就业市场分析	目前市场上比较热门的工作有哪些
	目前市场上需求量比较大的工作有哪些
	目前通过各种渠道，你可以触及的就业机会有哪些
短期计划	以你的经验和技能，可以胜任的工作有哪些
	你可以接受的最低工资是多少
综合分析后确定职业目标	你可以从事的职业有哪些
	你可以从事的行业有哪些
	你可以就职的用人单位有哪些（包括但不限于企/事业单位、公益组织或行业协会，不设限制，开放视角）
	你可以应聘的岗位有哪些

通过这套系统化的"思维引导工作表"，我们能够实现三个关键转变：

第一，从模糊感知到精准定位。工作表通过结构化的思考维度，帮助我们像剥洋葱一样，发现那些隐藏在表象之下的职业真相。完成表格后，你会惊讶地发现，原本模糊的职业愿景已经变成清晰的坐标点。

第二，从被动应对到主动规划。生存期／危机期和发展期的差异化设计，让我们能够根据职业发展阶段的特点，采取最适合的策略。就像优秀的棋手，既要走好当下的每一步，又要布局长远的棋局。

第三，从单一选择到系统思考。工作表引导我们统筹考虑个人驱动力、现实条件和未来发展三者之间的平衡，避免陷入"只见树木，不见森林"的局限。这种系统思维正是职场精英必须具备的底层能力。

最重要的是，当你根据自己所处的职业发展阶段认真填完相应的工作表时，您收获的不仅是一份求职目标清单，更是一套应对职业变化的思维框架。今天设定的目标可能会随着职业发展而调整，但科学的目标设定过程本身，就是在培养受益终身的职业规划能力。

分析自我差距，制订提升自我的行动计划

在明确求职目标后，评估自身现状与目标之间

的差距并及时改进，是职业规划过程中至关重要的
一环。这个过程就像医生诊断病情，需要全面检查
各项能力的强弱，并制定有针对性的行动方案。

SWOT 分析法作为战略管理领域的经典工具，
经过适当调整后，可以成为求职者进行自我差距分
析的利器。这种分析方法的价值在于，它不仅能帮
助求职者认清自身条件，还能将个人置于更广阔的
就业市场环境中进行考量，从而制订出更加切实可
行的提升计划。

传统的 SWOT 分析包含四个维度：优势（Strengths,
S）、劣势（Weaknesses，W）、机会（Opportunities，O）
和威胁（Threats，T）。在求职情境下，我们需要对
这四方面进行重新诠释：

内部因素分析：

- 优势（S）：个人相对于目标岗位的竞争优势
- 劣势（W）：与目标岗位要求存在差距的能力
  或条件

外部因素分析：

- 机会（O）：外部环境中有利于实现求职目标的因素
- 威胁（T）：外部环境中可能阻碍求职成功的因素

之后，我们可以按照以下几个步骤进行 SWOT 分析：

第一步：构建目标岗位能力模型

在进行 SWOT 分析前，必须先明确目标岗位的具体要求。我通常建议求职者通过以下方式收集信息：

- 研究 10～15 个同类岗位的招聘启事，提取共性要求。
- 访谈 2～3 位目标岗位的从业者，了解实际工作内容。
- 分析招聘平台数据，深入研究行业报告，与业内人士进行深度交流，把握目标岗位的能力要求以及未来发展趋势。

通过这些方法，我们可以勾勒出目标岗位的胜任力地图，了解不同岗位对人才的具体要求。比如，一位求职者将"互联网产品经理"作为目标岗位，经过调研后总结出核心能力要求包括：需求分析、原型设计、项目管理、数据分析和沟通协调等。

需要注意的是，在这个过程中，既要关注显性的招聘要求，也要洞察隐性的用人偏好；既要了解当下的市场需求，也要预判未来的发展趋势。

这种调研不是一次性的工作，而应该成为持续的职业习惯，因为职场环境就像天气一样不断变化。

第二步：列出自己的优势、劣势、机会与威胁

找一张 A4 白纸，按照图 2-3 的形式画出四个象限。建议使用不同颜色的笔进行标注，比如优势用绿色，劣势用红色，机会用蓝色，威胁用橙色，这样能形成更直观的视觉对比。

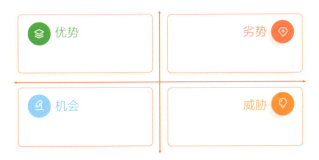

图 2-3　SWOT 分析模板

问自己以下几个问题，并将答案按照不同的维度写在这四个象限内：

1. 内部分析——优势与劣势

- 我的工作能力在哪些方面有优势，哪些方面有劣势？
- 我所掌握的知识在哪些方面有优势，哪些方面有劣势？
- 我的工作经验和履历在哪些方面有优势，哪些方面有劣势？
- 我的性格特征和处理人际关系的能力在哪些方面有优势，哪些方面有劣势？

- 我拥有的资源在哪些方面有优势，在哪些方面有劣势？

2. 外部分析——机会与威胁

- 未来五年的就业市场上有哪些机会？
- 我现在找工作会遇到哪些机会？
- 我所在的单位还有适合我发展的机会吗？
- 我现在所处的就业环境会面临哪些威胁？
- 我是否有失业的风险？

第三步：制定差距弥补策略

单纯地罗列优势、劣势、机会与威胁对于差距评估的作用有限，SWOT 分析的真正价值在于进行交叉分析，本着扬长避短、把握机遇、弥补劣势的原则，制定有针对性的差距弥补策略。

具体来说，可以采用的策略有以下几种：

- SO 策略（优势 × 机会）：利用自身优势，抓住外部机会。
- ST 策略（优势 × 威胁）：用优势抵消或规避

外部威胁。

- WO 策略（劣势 × 机会）：针对目标机会，改进可弥补的劣势。
- WT 策略（劣势 × 威胁）：调整目标，避开致命短板并规避威胁。

第四步：制订行动计划表

根据差距弥补策略，列出需要采取的不同类型的具体行动，明确成功标准、时间节点和资源投入，然后开始执行，并及时进行进度追踪。表 2-3 的行动计划表可以帮助求职者更好地提升职场竞争力。

表 2-3　行动计划表

类型	具体行动	目标	时间节点
SO 策略 （优势 × 机会）			
ST 策略 （优势 × 威胁）			

（续）

类型	具体行动	目标	时间节点
WO 策略 （劣势 × 机会）			
WT 策略 （劣势 × 威胁）			

接下来，让我们通过一个典型案例，深入剖析如何将 SWOT 分析法应用到实际求职场景中。

案例背景：张同学，26 岁，希望转型至互联网行业担任产品经理，其基础条件是：

- 教育背景：非 985/211 院校商科专业
- 工作经验：2 年本地软件企业销售代表
- 技能证书：初级市场营销师、大学英语六级
- 当前薪资：月薪 8000 元（含提成）
- 目标岗位：互联网公司产品经理（期望薪资 10000 元以上）

这个求职者代表了大量普通院校背景、非技术

专业出身，却希望进入互联网核心岗位的求职者面临的真实处境。张同学的转型之路存在三个明显障碍：一是教育背景与目标岗位的专业要求不匹配；二是销售经验与产品经理的能力模型存在差异；三是缺乏互联网行业认知和项目积累。但是，通过系统化的 SWOT 策略应用，张同学完全有可能实现职业赛道的成功跨越。

张同学首先对自己进行了 SWOT 分析，其优势、劣势、机会、威胁如图 2-4 所示。

图 2-4　张同学的 SWOT 分析

其次，对优势、劣势、机会和威胁进行交叉分析，制定差距弥补策略：

- SO 策略：利用沟通优势＋培训生计划，申请产品运营岗位作为过渡；通过校友了解内部招聘偏好，有针对性地进行准备。
- ST 策略：突出市场经验优势，进行差异化竞争；考取产品经理国际资格认证，弥补学历劣势。
- WO 策略：报名产品经理训练营弥补知识缺口；参与互联网项目积累经验。
- WT 策略：扩大求职范围，考虑中小型企业；学习基础技术知识，如 SQL、流程图等。

然后，根据差异弥补策略，列出需要采取的不同类型的具体行动，如表 2-4 所示。

表 2-4　张同学的行动计划表

类型	具体行动	目标	时间节点
SO 策略 （优势 × 机会）	搜集产品运营招聘信息		
	联系 3 位在互联网公司任职的校友		
	制作一份竞品分析报告		
ST 策略 （优势 × 威胁）	制作销售经验与产品能力的转化说明图		
	报名产品经理国际资格认证		

（续）

类型	具体行动	目标	时间节点
WO 策略 （劣势 × 机会）	3 个月内完成产品经理入门课程		
	参与 1 个校园 APP 优化项目		
WT 策略 （劣势 × 威胁）	建立目标企业分级清单		
	学习 SQL 基础语法		
	掌握 Visio 流程图绘制方法		

通过几个简单的步骤，张同学就找到了可行的突破路径。这个案例的分析方法和实施策略，对于类似背景的求职者具有普适性的参考价值。

有效的差距分析会帮我们实现"三个转化"：将模糊的不足转化为具体的改进方案；将消极的劣势转化为积极的成长路线；将静态的现状描述转化为动态的行动方案。

当然，科学的职业规划不是简单的"设定目标—努力实现"的线性过程，而是需要建立"认知—实践—反馈—改进"的系统。因此，我建议求职者建立定期复盘机制（建议每季度一次），盘点成功经验带来的新优势、工作过程中暴露的新短板、市场变化产生的新机会和新威胁，重新评估差距变化，并及时制订改进计划。

职场竞争力的本质不在于没有差距，而在于比竞争对手更快地缩小关键差距。每一次自我评估都是成长的机会，每一次策略调整都是智慧的积累。职业发展的真谛不在于找到完美的起点，而在于建立持续优化的执行力。

解构"完美工作"迷思

在职业规划这一章的尾声，我想与各位读者共同解构一个困扰无数人的迷思——完美工作。作为拥有多年职业咨询经验的从业者，我见过太多人在这个虚幻的理想前徘徊不前，甚至因此错失真正适合自己的发展机会。

有一位资深零售业管理者的经历颇具代表性。

这位从业十余年的职业经理人曾帮助老板实现 300%的业绩增长，却在公司上市失败后的权力斗争中黯然离场。当他提出新工作的期望清单时——年薪不低于 100 万元、直接向 CEO 汇报、准上市公司股权激励、每周工作时间不超过 40 小时、办公地点在市中心 3 公里范围内，我不禁想起一句箴言："你不可能同时拥有春花和秋月"。这个案例折射出求职者普遍存在的一个认知偏差：将职业目标简化为理想条件的叠加。

我也希望世界上有同时符合无数理想条件的工作，但是，凭我多年的职场经验，如此完美的工作是根本不存在的。我们得到的工作通常是这样的：薪酬待遇令人羡慕，但工作时间超长、需要频繁出差，更要背负巨大的业绩压力；公司的知名度很高，但是薪资水平却低于行业平均水平；上级领导很好，大家在一起工作也很愉快，可是没过多久，领导被调走了，换了新领导，新领导的管理风格完全不同于上一任，和新领导的工作配合中有很多需要磨合的地方。

这就是现实。这揭示了职场人必须面对的一个本质矛盾：在快速迭代的商业环境中，个体与组织的价值诉求往往难以达成动态平衡。

这种失衡主要体现在三个维度上：

在价值维度上，个人追求工作意义与成长空间，而组织更关注绩效产出与人力成本，这种根本诉求的差异导致雇佣关系的脆弱性。

在时间维度上，个人职业规划通常是线性递进的，而组织发展却呈现周期性波动。当企业环境发生变化时，我们原先期待的发展路径可能被迫中断，造成职业预期的"断崖式落差"。

在结构维度上，薪酬成本、企业盈利和团队氛围等要素相互制约，很难同步优化。就像"蒙代尔不可能三角"理论所揭示的规律那样，在职场生态中，高薪酬、低压力、快成长这三个要素同样难以兼得。

我在管理咨询项目中曾经撰写过上百个不同行

业的岗位说明书，由此深刻认识到一个职场真相：每份工作都像硬币一样，有正反两面。无论是看似光鲜的高管岗位，还是基础的操作岗位，都包含着各种无法回避的要素——必须克服的困难，需要解决的难题，复杂的人际关系，以及难以避免的冗余事务。几乎所有工作都存在着理想与现实的落差。

所以，与其执着于寻找虚无缥缈的"完美工作"，不如学会在不完美中发现价值。只要一份工作能满足你最核心的需求，它就是好工作。比如，你非常害怕失业，需要一份稳定的工作，这种工作往往工资不高，但是能够保障你现有的生活，那么，它就是你所需要的好工作。而工作中与老板的各种不愉快不应该成为你放弃这份工作的理由，因为换个工作，不确定性就会增加，失业的风险会更大，你追求的稳定性也就无从谈起。

从微观的角度来看，"好工作"应该如何定义呢？我们可以从以下六大维度对工作进行考察：

维度 1：工作前景

- 这个工作的发展前景如何？是否是你实现远期职业目标的重要一步？
- 工作的稳定性如何？失业的风险有多大？

维度 2：工作报酬

- 现有的报酬是否令你满意？
- 工作报酬的提升潜力有多大？

维度 3：工作环境

- 工作的物理环境是怎样的？比如，工作所在的城市，生活成本与收入的比例是多少？上下班通勤的时间是否可以接受？工作场所的条件是否可以接受？
- 工作的精神环境是怎样的？比如，是否让你产生使命感？是否让你获得价值感？你是否经常因工作而感到心情沮丧？
- 工作的组织内人际环境是怎样的？比如，你

的直接上级是否是你欣赏的那种类型？你的
工作是否会得到上级的认可？你的同事是否
愿意互相帮助？你在这样的组织里工作是否
感到愉快？

维度4：工作任务

- 你的工作对象主要是人、物、数据还是抽象
  概念？是否是你擅长的？
- 工作的级别是什么？是普通员工还是管理
  人员？
- 你的工作要求的专业技能是什么？
- 工作要求使用的工具或手段是什么？
- 工作的主要职责有哪些？
- 你对工作任务是否感兴趣？
- 你在工作过程中是否产生了"心流"？

维度5：工作成果

- 工作成果是一款产品还是一项服务？
- 你在完成工作之后是否有成就感？

维度 6：工作的外部环境

- 这份工作中交往的客户是不是你喜欢接触的类型？
- 这份工作中交往的供应商是不是你喜欢接触的类型？

这六大维度构建了一个全面、系统的工作评估体系，能够帮助你科学地评估职业选择。在实际应用中，建议从以下两个层面进行考量：

首先，建立动态评估机制。你可以将这六个维度作为评估框架，对意向岗位或现有工作进行系统分析。在具体操作时，要设置量化评分标准，并根据当前职业阶段调整各维度的权重，制作雷达图进行可视化呈现。

其次，把握核心评估原则。需要特别注意的是，要避免完美主义倾向，重点关注与个人价值观最契合的 1～3 个核心维度，聚焦在自身最核心的需求上，保持评估的客观性，减少情绪化判断。

通过这种结构化分析，你就能更清晰地认识工作的实际价值，发现潜在的改善空间，做出更理性的职业决策。

记住，任何工作都是优势与劣势的组合。如果一份工作能满足你最看重的几个维度，同时在可接受的范围内包容其他维度的不足，这就是一个值得把握的职业机会。

第 3 章

让简历说话：

从我的经验到我的价值

简历：人才与机会之间的桥梁

在如今这个高度竞争的就业市场中，简历不再只是简单的个人信息汇总，而是演变为一个多维度的职业价值传递载体。作为求职过程中的第一道关卡，简历的质量高低在很大程度上决定了求职成败。高质量的简历不仅能够帮助求职者从海量候选人中脱颖而出，为其赢得宝贵的面试机会，甚至直接影响最终的录用结果和薪资待遇。

简历的本质是个人职业价值的浓缩呈现，具有深远的战略意义。从心理学角度来看，简历承担着塑造第一印象的关键角色。相关研究表明，人类形成第一印象仅需 0.1 秒，而这种印象一旦形成就极难改变。在招聘场景中，简历就是求职者递给雇主的第一张"职业名片"。一份排版专业、内容精炼的简历能够在视觉层面传递出求职者严谨的职业态度和专业的职业素养，为后续的深入交流奠定良好的基础。

更重要的是，优秀的简历实际上是一部精心策划的职业故事集。它不只是工作经历的简单罗列，而是通过突出关键成就和量化性成果，展现求职者独特的职业发展轨迹和能力成长曲线。比如，"主导完成公司 CRM（客户关系管理）系统升级项目，使客户响应效率提升 40%，年节约运营成本 120 万元"这样的表述，远比泛泛而谈的"负责客户管理系统维护"更能体现求职者的专业能力，对招聘者的说服力也更强，因为这种叙事方式能够让招聘者快速把握求职者的核心价值主张。简历既记录着过去的成长轨迹，也书写着未来的发展可能。如果你的简历能让人看见"过去有多扎实"，自然就会让人相信"未来有多可期"。

当然，简历还发挥着展示核心竞争力的重要作用。求职者需要在有限的篇幅内（通常为 1～2 页，工作 10 年以上者简历可达 3～5 页）精准呈现自己与目标岗位最匹配的核心能力，并通过恰当的关键词设置提升通过系统筛选的几率。特别是在 ATS（申请人跟踪系统）广泛应用的今天，针对特定职位定制关键词的简历，通过初筛的可能性会大大提升。这要求求职者深入研究目标岗位的职位描述，准确捕捉其中的关键能力要求。

随着个人品牌价值在现代职场中的日益凸显，简历自然而然地成为个人品牌的重要传播载体。一份具有清晰个人品牌定位的简历，不仅能够展现求职者独特的职业定位和价值主张，还能在薪资谈判等关键环节创造更大的议价空间。

除此之外，简历的重要性还体现在其作为职业发展档案的持续价值上。定期更新和优化简历的过程，本身就是宝贵的职业复盘机会。通过系统梳理工作经历、项目成果和核心能力，求职者能够更清晰地认识自己的职业发展轨迹，发现潜在的优势和不足，为未来的职业规划提供重要参考。

在数字化转型加速的今天，简历的形式和功能也在不断演进。从传统的纸质文档到电子版 PDF，再到可交互的动态简历，其展现形式越来越丰富。但无论形式如何变化，简历的核心使命始终未变：以最有效的方式呈现求职者的职业价值，搭建起人才与机会之间的桥梁。

对于那些能将职业经历转化为动人故事，将个人能力转化为商业价值，将独特个性转化为鲜明品牌，并通过简历有效展示自身价值的求职者来说，投出去的每一份简历，都在为自己创造职业机会。

简历筛选的 HR 视角

究竟怎样才能写出让招聘者眼前一亮的简历呢？我们不妨先转换一下视角，从 HR 的视角来看看简历是如何被筛选的。

当你的简历被投递到招聘系统的那一刻，它就开始了一场激烈的竞争游戏。想象一下，你是一位

HR，面前是堆积如山的简历，电脑屏幕上还在不断弹出新的申请邮件。时钟的秒针滴答作响，而你需要在下班前完成上百份甚至上千份简历的初步筛选（最新的记录是某用人单位在一个招聘季收到了一百多万份简历）。即使人工智能工具可以帮助筛选简历，但目前，人工筛选简历仍然是大多数用人单位最常用的筛选方式。这就是大多数 HR 每天面对的真实场景，也是你的简历必须跨越的第一道关卡。

在高度紧张的筛选过程中，HR 的大脑会自动切换到一种特殊的"扫描模式"。这不是因为他们不想认真阅读每份简历，而是海量的简历让他们不得不发展出一套高效的评估机制。就像训练有素的机场安检人员能一眼识别可疑物品一样，经验丰富的 HR 能在几秒钟内捕捉到简历中的关键信号。了解这套评估机制，就是打开求职大门的金钥匙。

让我们从 HR 的视角还原整个筛选过程：

当一份简历被打开时，首先发生的是视觉层面的瞬时判断。这不是 HR 的主观偏好，而是人类大脑的自动反应。神经科学研究表明，人脑在处理视觉信息时，会在很短的时间里形成初步印象。专业整洁的排版会激活大脑的"可信赖"反应，而杂乱无章的格式则会触发"不专业"的警报。这就是为什么那些采用标准字体、合理留白、清晰分区的简历总是更容易获得青睐——它们符合大脑对"专业文档"的认知模板。

接下来是关键词的快速匹配。HR 会快速扫描简历中那些与职位密切相关的关键词。所谓关键词，包含两个方面，一是专业术语，不同的职业有很多常用的专业术语，比如对于技术岗位，关键词可能是特定的编程语言或工具名称；对于营销岗位，关键词可能是"转化率提升"或"投资回报率（ROI）优化"等关键指标；对于人力资源岗位，关键词可能是薪酬管理、培训管理和劳动关系等。二是与用人单位处于同一行业的其他相关组织的名称，如一家零售企业在招聘时会比较关注求职者是否曾就职于同行业领先的企业，比如某超市招聘店长时，会把沃尔玛、永辉超市、苏宁、711、屈臣氏等作为简历筛选的关键词。这些关键词能够立即吸引 HR 的注意力，将相关简历从一众简历里挑选出来。

但关键词匹配只是第一道门槛。真正优秀的简历能够通过讲述一个连贯的职业故事来打动 HR。这里说的不是虚构情节，而是展示你职业发展的内在逻辑。HR 在快速浏览工作经历时，潜意识里在寻找一条清晰的成长轨迹：从执行到决策，从初级技能到高级技能，从跟随者到领导者。那些随意堆砌的工作经历很难引起他们的共鸣，而有明确发展方向的故事则会产生强大的说服力。

在这个过程中，量化性成果扮演着至关重要的角色。数字具有神奇的魔力——它们能立即将抽象的能力描述转化为具体的价值证明，保证观点的真实性与说服力。"提升团队效率"这样的表述苍白无力，而"通过流程优化将项目交付周期缩短 40%"则令人印象深刻。神经经济学研究发现，具体数字能激活大脑中负责价值评估的区域，产生更强的记忆点。这就是那些充满量化性成果的简历总是更容易从海选中脱颖而出的原因。

值得注意的是，HR 在筛选简历时还肩负着风险控制的任务。他们像雷达一样警惕着各种危险信号：频繁跳槽可能暗示求职者缺乏稳定性，职业空白期需要合理解释，过于夸张的成就表述会引发真实性怀疑。所以，那些职业轨迹清晰、发展节奏合理的简历往往更容易通过筛选，因为它们传递出"低风险，高潜力"的信号。

在当今这个信息爆炸的时代，HR 还面临着"注意力稀缺"的挑战。你的简历必须在极短的时间内完成价值主张的传递。精明的求职者会采用"倒金字塔"写作法——将最重要的信息放在最前面，用最精炼的语言表达最核心的价值。一位创意总监的简历以"帮助 3 个品牌实现从 0 到 1 的突破，最快 6 个月达成月销售额破千万元的成就"为开端（前提是必须是自己的真实成绩，否则很容易被戳穿），这样的开场白很难不被注意。

站在 HR 的角度看简历，我们还会发现一个有趣的矛盾：HR 既希望看到标准化的信息（便于比较筛选），又渴望发现独特的亮点（寻找差异化优势）。基于这一矛盾，那些在保持专业格式的同时又能展现个人特质的简历往往更受欢迎。比如，如果一位设计师在简历中巧妙地融入自己的作品风格，一位数据分析师用信息图表展示职业成就，他们的简历一定会令 HR 眼前一亮。

深入了解简历筛选的 HR 视角，我们对简历的认知会产生根本的转变。这种转变会让我们的简历突破传统的信息罗列模式，实现从单向的自我展示到双向的价值对话的质变。当我们真正站在招聘者的立场思考时，简历就不再是执着于罗列"我做过什么"的能力清单，而是聚焦于"我能为企业带来什么"的商业提案。

理解 HR 的筛选逻辑还能帮助我们避免常见的简历误区。很多求职者喜欢用"参加""参与"这样的模糊动词，却不知这在 HR 眼中几乎等同于"没有实质贡献"。聪明的做法是采用"行动＋结果"的表达公式，如"重构后台管理系统，将数据处理效率提升 300%"。

　　归根结底，写简历就像准备一份重要的商业路演稿——你需要从多个角度考虑问题，既要深入了解听众的需求，又要突出自身的独特表达，精心设计信息结构，用最具说服力的方式展示你的价值主张。记住，好的简历不是写出来的，而是设计出来的——它是对招聘者认知习惯的精准把握，是对企业用人需求的深刻理解，更是对自身职业价值的精准呈现。这样的简历，能让阅读者忘记这是一份简历，而看到一个活生生的价值创造者。

好简历是这样炼成的

　　在深入理解了 HR 筛选简历的底层逻辑后，我们自然要追问：怎么将这些认知转化为一份好简历呢？回答这个问题，需要我们重新审视简历的构成。很多求职者可能没有意识到，简历作为一个职业价值传递载体，实际是由两个相互支撑的部分组成：一是个性化、诚恳积极的求职信，二是结构清晰、重点突出的个人履历。这两个部分就像飞机的双翼，共同承载着你的职业价值，助你飞向理想岗位。

求职信的写作范式

在当今快节奏的职场环境中，很多人在投递简历时会省略求职信，这种看似高效的做法实际上隐藏着巨大的机会成本。如上一节所述，HR 在筛选过程中寻求的是快速的价值确认，而一封好的求职信恰恰如同"价值导读"，让招聘者在接触详细履历前就建立起正向期待。当我们讨论"要不要写求职信"时，本质上是在思考：你愿意为获得理想的工作机会付出多少认知成本？能够系统化呈现自己价值的求职者，往往就是最终赢得机会的人。

从认知心理学的角度看，求职信发挥着三个不可替代的作用：一是通过精准的价值主张吸引招聘者的注意；二是预先设定个人履历的思维框架；三是在机械化筛选过程中注入人性化元素。并且，通过自我陈述，求职者也可以向招聘者传递一些履历之外的信息，比如诚恳、积极、热情的态度，对应聘职位的自信和决心，以及求职者的语言逻辑。

求职信应该放在简历的最前面，如果你发的是电子版简历，可以把求职信写在求职邮件的文本中，而简历作为邮件的附件。在撰写求职信时，要注意篇幅不要太长，几十到几百字即可，主要阐述：

- 对目标企业的认知与认同
- 对申请职位的理解与兴趣
- 与岗位要求所匹配的核心能力
- 可量化的价值贡献预期

求职信的重点内容建议放在首段和尾段，应避免使用模板化表述，要体现个性化思考。

示例

尊敬的女士 / 先生：

感谢您在百忙之中抽出宝贵的时间阅读我的

求职信。我是一名具有两年从业经验的人力资源薪酬福利专员，目前就职于某外资企业。本人毕业于××大学人力资源管理专业，获得了学士学位。通过四年的系统专业学习和两年的实务工作历练，我在薪酬福利管理领域积累了扎实的专业知识和实操经验。由于公司战略调整导致办公地点迁移，现寻求新的职业发展机会。我最大的优点就是执行力强、忠于自己的组织，善于沟通，精于数字分析，这些特质与贵公司人力资源部薪酬管理专员岗位的要求高度契合，相信我的专业背景和工作经验能够为贵公司的人力资源管理工作创造价值。随信附上个人详细履历供您审阅，恳请您考虑给予面试机会，真心希望接到您面试的通知。

顺颂商祺。

个人履历的写作范式

个人履历作为简历的核心组成部分，承担着全面展示求职者专业资质与职业价值的关键作用。随着时代的发展，很多人在写简历时只保留了个人履历部分，而省略了求职信。

有些人认为个人履历一定要少于 2 页，在我看来，2 页以上的篇幅也是可以的，尤其是工作时间超过 10 年的求职者，个人履历大多都会长达 3～5 页，毕竟工作中可陈述的内容随着时间的推移是不断增加的。但是，最有价值的部分一定要在第一页呈现，比如你曾经进入过的先进行业、引以为傲的学历、知名公司的工作背景或曾经担任过的重要职务等重要信息。一份专业的个人履历应当着重体现以下两个维度：

1. 价值贡献维度

这部分需要系统呈现"我能为组织提供的价值是什么"，通过精选具有代表性的工作经历和项目成果，以"情境—行动—结果"的结构化方式，清晰展示你在过往经历中创造的实际价值。比如"优化薪酬核算流程，将月度薪资处理时效缩短 40%"，这种表述方式既体现了你的专业能力，又量化了你的价值贡献。

2. 差异化优势维度

这部分需要突出"我区别于其他候选人的特别之处有哪些"，可以从三个层面进行展示：专业资质层面的特殊认证、工作方法层面的创新实践以及职业成果层面的突出表现。比如"独创三维薪酬分析法，助力企业年度人力成本降低 25%"这样的描述，就能有效建立专业区分度。

个人履历的信息呈现需要平衡全面性与针对性，既要确保关键资历的完整展示，又要针对不同岗位调整侧重的内容。建议采用成就导向式的表达，将每段工作经历转化为价值证明。需要强调的是，优秀的个人履历应该通过相互印证的工作经历、项目成果和专业技能，构建立体化的职业形象。这种系统化的价值展示，能够帮助招聘者在短时间内建立起对你专业能力的全面认知。

具体来说，个人履历应包括以下内容：求职意向、基本信息、自我评价、工作成就／学业成就、工作经历、教育背景、培训经历和业余爱好等。

第一项：求职意向

在招聘实务中，作为招聘者，我经常收到一些缺乏明确求职意向的简历，增加了我筛选和分类简历的工作难度。所以，在简历中清晰注明求职意向至关重要。

求职意向的表述应当包含以下要素：

- 目标岗位名称（可列 1～3 个具体职位）
- 行业领域偏好（如对行业有特定要求）

求职意向应当放在简历最显著的位置，让招聘者一眼就能看到。这样的布局设计能够确保招聘者在第一时间明确你的职业定位，从而准确地将简历归入相应的岗位候选序列。

第二项：基本信息

基本信息包括姓名、性别、出生年月、联系方式（手机号码和电子邮箱）、现居城市和当前职业状态（在职/应届等）等。

为确保招聘者能够快速获取关键信息，建议对重要联系方式（如电话号码和电子邮箱）采用特殊格式标注，如下划线或黑体字等，进行视觉强化处理。

需特别注意的是，以下个人隐私信息最好不要出现在简历中：详细家庭住址、身份证号码和当前具体薪资数额等。

第三项：自我评价

自我评价作为简历的重要组成部分，是对你的专业能力和职业特质的系统性总结。这部分内容应当以专业、客观的语言，全面而精准地呈现你的核心竞争力。

在撰写自我评价时，需要把握以下几个关键点：

首先，应当基于事实依据，对自身专业能力进行高度概括，突出最具竞争力的优势领域，如"具备 8 年互联网产品设计经验，专注于用户体验优化领域"。

其次，需要通过具体指标量化专业能力，如"主导设计过 3 款日活百万级的产品”或"在供应链管理领域拥有 5 年实战经验"等。

在语言表达上，建议采用专业而不晦涩、自信而不夸大的行文风格。避免使用空泛的形容词，而是用具体的成就和指标来支撑能力主张。同时，所有自我评价的内容都应当与工作经历部分形成呼应，确保简历整体的内在一致性。

规范的自我评价应当包含以下要素：个人品格综合评价、专业领域定位、核心能力总结、量化成就指标以及独特价值主张。通过这样的结构化呈现，能够帮助招聘方快速建立对候选人专业能力的全面认知，为后续的面试评估奠定良好基础。

示例

本人乐观向上，适应性强，勤勉不懈，具有良好的人际沟通能力以及良好的团队精神。在 5 年多的销售工作中，积累了丰富的销售经验，并取得了较好业绩。熟悉上海媒体市场，并有深厚的客户基础。同时熟知各大媒体广告及软性新闻发布渠道及具体情况，尤其对品牌宣传、公关活动的策划和实施流程非常熟悉。

第四项：工作成就／学业成就

我总向求职者强调这一项要认真撰写，而且要写在简历的前半部分，因为这是最能体现个人能力与个人价值的精华部分，我们要确保给招聘者留下深刻的印象。

这一部分是你工作或学习中的成就总结和提炼，可罗列的成就类型包括但不限于：

- 获得的专业奖项与荣誉
- 发表的学术论文或出版专业著作
- 解决的关键业务难题
- 主导完成的重要项目
- 实现的业绩突破
- 掌握的客户资源的质量和数量
- 获得的专业认证

特别值得注意的是，即使是看似微小的成就，只要能够体现你的专业能力或独特价值，都值得列入。

在撰写时应采用倒叙的时间顺序或按成就的重要性排序，确保最有价值的成就最先被阅读。在具体的表述方式上应具体、量化，避免模糊表述，每个成就都应包含三个关键要素：时间节点、具体行动和可衡量的成果。

比如，你可以这样组织内容：

2023 年，通过优化供应链流程，为公司节省运营成本 280 万元。

2022 年，主导完成 ×× 系统升级项目，用户满意度提升 40%。

2021 年，获得公司年度"卓越贡献奖"（全公司业绩前 5%）。

第五项：工作经历

工作经历应当系统而全面地展示你的职业发展轨迹。这部分内容需要精心组织，以清晰呈现你在各阶段的工作职责与成就。

每项工作都要包括以下内容：工作的起止时间、工作单位名称、工作岗位名称和工作职责。如果是管理人员，还要写明自己的管理范围，包括直接管理团队规模和间接管理团队规模。为了方便招聘者更好地了解自己所处的行业背景，还应在每段工作经历中简述一下任职公司的背景信息。

需要注意的是，工作经历最好采用倒叙排列，将最近的工作经历放在前面，因为大多数招聘单位有这样一个假设：你最近的这份工作是最能体现个人价值的。工作岗位这一项最好用黑体或粗体字加以突出，并应写清楚你的工作职责。

示例

××××年11月至今

××有限公司　人力资源部　学习与发展主管

（××有限公司是某某知名手机厂商的供应商，拥有员工2000人，在北京和上海设有多家分公司）

工作职责：

- 负责基于企业文化的团队建设，软技能和管理技能方面的通用培训项目，协助部门经理进行岗位培训，并担当顾问。

- 进行培训需求分析，提高培训的有效性和适用性。

- 制订年度培训计划和预算并监控实施情况。

- 负责供应商的甄选和内部讲师团队的组建，保证培训项目按计划实施。

- 进行培训有效性分析并跟进效果。

- 组织和协调重要的员工活动（如年会、晚会和新厂房开业典礼等），提高员工的士气和员工满意度。

第六项：教育背景

教育背景是简历中不可或缺的组成部分，它系统展示了你的认知思维能力和专业知识储备。这部分内容包括所受正规教育的时间、教育机构、所学专业、所获相关学历和学位等，应根据你的具体情况有所侧重，以最有效的方式呈现教育经历的价值。

具备工作经验的求职者可以从所受的专业教育开始写，如大学、大专或中专，而中学和小学的经历一般不必写在里面。应届毕业生的教育背景部分可适当扩展，比如高中阶段教育（若为重点或知名中学）、大学所学的与应聘岗位相关的专业课程、学术研究成果（毕业论文、科研项目等）和专业资格证书等。

第七项：培训经历

很多求职者在工作中接受过培训，或者在业余时间自费参加过一些培训班，这是个人持续学习与专业发展的重要证明，能够充分体现求职者在专业领域的进取精神与能力提升轨迹，应该系统地呈现在简历中。

培训经历应包括受训的时间、培训的课程名称、培训机构、培训性质以及相关证书。

第八项：业余爱好

在简历中恰当地呈现业余爱好，能够为求职者塑造更为立体的个人形象。这些看似与工作无关的兴趣活动，往往能够折射出求职者的性格特质、生活态度和潜在能力，在人才评估中产生微妙的差异化效果。

业余爱好的价值在于其背后所反映的个人品质。以体育运动为例，长期坚持马拉松训练不仅展现了个人的体能素质，更暗示着坚韧不拔的意志力和严于律己的精神。艺术类爱好，如音乐、绘画等，则体现了创造力和审美素养。这些特质在某些岗位的胜任力评估中，可能成为重要的加分项。

我曾经经历过的一件事就充分体现了这一点。2016 年，某知名外企中国区因组织架构调整裁掉了一批 40 岁以上的资深员工，其中，两位背景相似、薪酬水平相近、业绩水平和行业经验也相差无几的资深大客户经理同时被猎头推荐给另一家知名企业，竞聘同一职位。由于待遇优厚，机会难得，竞争十分激烈。在专业资质和工作经历高度趋同的情况下，评审委员会最终选择了一位多年坚持马拉松训练并参加过全程马拉松比赛的候选人。理由是，马拉松运动需要长期坚持和严格自律，与关键大客户销售岗位所需的抗压能力和锲而不舍的意志品质高度契合。可见，在专业资历相当的情况下，看似细微的个人特质差异，往往能成为决定性的竞争优势。

对于应届毕业生而言，校园社团活动和志愿服务经历同样值得呈现。这些经历不仅展现了团队协作能力，也反映了积极进取的生活态度。比如，担任学生会干部的经历可以体现领导潜力，参与公益项目则展示了社会责任感。

值得注意的是，每个人应该根据自己的特点发展兴趣爱好，兴趣爱好的本质就是我们在业余时间最放松状态下喜欢干的事情，要避免太过功利，也要避免同质化竞争造成的内卷。

求职信 + 个人履历 = 价值呈现

一份完整的简历应该包含求职信和个人履历两个部分，它们就像是一套组合拳，共同展现你的专业价值。求职信相当于你的"个人广告"，用简洁、诚恳、自信的语言说明你为什么适合这个岗位；个人履历则是你的"成绩单"，用具体的事实和数据证明你的能力。

这两部分要相互配合，保持内容的一致性，这样才能达到协同效应。求职信里提到的优势，应在个人履历的工作经历部分有相应的具体案例做支撑。个人履历中的重要成就，最好在求职信的价值主张中预先提及。这样前后呼应，能让你的简历更有说服力，也能使招聘者更容易建立起对你的全面认知。

需要注意的是，在现代职场环境中，双语简历已经成为标配。有的求职者为了展示自己的英文水平，只准备了一份英文简历，简历中还有很多专业术语，这很可能造成信息传递障碍。特别是当面对母语为中文的招聘者时，过于专业的英文术语可能导致关键信息被误解或忽略，从而错过很多工作机会。中英文版本各准备一份则更为稳妥，能确保信息准确地传达给不同背景的招聘者。

简历范例

范例一：应聘人力资源岗位的候选人简历

求职意向：人力资源经理、人力资源总监或相关职位

个人简历

姓 名	赵女士
性 别	女
出生年月	××××年×月
文化程度	大学本科
所学专业	人力资源管理
籍 贯	某市
电 话	×××××××××××
邮 箱	×××××@×××××

自我评价

- 拥有 12 年工作经验，在人力资源管理方面有着丰富的专业知识和实践经验，工作经历覆盖薪酬管理、招聘选拔、人才培养、员工关系等各个模块
- 性格开朗，工作态度积极，善于协调员工关系

独立工作成就

- ××××年×月～××××年×月　作为培训师为公司 70 位中层管理人员进行"绩效管理"培训

- ××××年×月～××××年×月　为集团总裁做"工时管理与控制"专题报告
- ××××年×月～××××年×月　独立撰写培训教材，并为公司管理人员进行"沟通技巧"培训
- ××××年×月～××××年×月　在北京地区夏季人力资源管理研讨会上为上百位来自不同类型企业的人力资源经理做"面试技巧"的专题培训
- ××××年×月～××××年×月　为公司董事会完成"员工满意度测试"报告
- ××××年×月～××××年×月　为公司设计并完成了"岗位评估"项目

能力特长

1. 拥有 8 年企业人力资源部工作经验，熟悉人力资源管理的职能，了解中西方背景下的不同企业文化，在招聘、培训、工资合理化分析、岗位分析、人工成本控制、人员流失率控制和职业生涯发展方面有独特见解，有能力尽快建立积极的人力资源战略合作伙伴关系
2. 熟悉国家有关劳动人事法律法规以及执行规定
3. 擅长培训，接受过培训师的专业训练，能够开展培训课程，曾独立完成"面试技巧""绩效管理""人力资源管理""演讲技巧"等培训课程

工作履历

- ××××年×月～××××年×月　××集团
  人力资源经理＆培训督导
  - 负责人力资源部的管理工作（直接下属5人，
    间接下属24人，管理员工规模10000人）
  - 根据公司的发展战略制订相应的人力资源战略
    计划
  - 建立并完善培训体系：分析员工的培训需求，
    根据培训计划开展培训并对培训效果进行评估；
    制订员工职业生涯发展规划
  - 绩效管理：定期分析员工的人员流失率数据和
    劳动生产率数据，提交绩效分析报告；监督绩
    效目标设定、绩效反馈和绩效评估等各个环节
    的实施
  - 招聘管理：根据各部门的需要制订人员编制和
    招聘计划，拓宽有效的招聘渠道并节省招聘成
    本，负责甄选不同类型的优秀人才。应对紧急
    的人员缺口，启动应急招聘方案
  - 员工关系：作为协调员工关系的核心角色，站
    在公正的角度，熟练运用劳动法律法规维护公
    司和员工的利益，保证整个团队的合作处于良
    好、高效的状态

- 负责公司日常的薪酬发放、福利政策的实施，制订人工成本预算并监控执行情况
- 负责策划和组织大型员工晚会、研讨会等内部活动
- ××××年×月～××××年×月　××公司人力资源部主管
  - 负责建立管理标准操作流程，分析员工流失率
  - 负责薪酬、培训、招聘的管理以及绩效考核的实施
  - 进行员工满意度测试

教育背景
××××年×月～××××年×月　××大学
人力资源管理专业　经济学学士

培训经历
- ××××年×月～××××年×月　×××公司　人才测评培训
- ××××年×月～××××年×月　××大学人力资源管理培训
- ××××年×月～××××年×月　××培训公司　培训师资格培训
- ××××年×月～××××年×月　××培训公司　部门经理管理技巧培训

范例二：应聘大客户销售的候选人简历

李女士

电　　话：×××××××××××

邮　　箱：×××××@×××××

微　　信：×××

学　　历：**硕士**

自我描述：**MBA；在咨询行业、销售和市场方面经验丰富，拥有高质量的客户资源**

工作经历

××××年×月～××××年×月

×× 有限公司　　　大客户销售经理

- 负责跟进某大型企业战略规划项目，项目已顺利结项，且获得续单
- 和客户沟通并撰写项目建议书，包括某外资品牌产品规划和某电器品牌建议
- 拜访新客户，一年内拜访 30 家大型企业客户，参与投标前期的客户沟通工作

××××年×月～××××年×月

×× 有限公司　　　×× 市场部经理

- 管理 ×× 市场，主要负责市场开拓的工作，大幅度提高本部门业绩，与销售部合作，实现某产品销量同期增长 50%

- 进行项目开发和管理，在某公司的项目合作中进行沟通、协调，最终得到订单
- 进行大客户管理和跟踪服务，与大客户保持良好的合作关系
- 开发新市场和新客户，并不断改进开发方式

××××年×月～××××年×月　某市场部副经理

- 管理2人的市场团队，指导下属市场数据收集分析的工作，并组织撰写行业分析报告
- 监督内部销售，进行内部销售分析

教育背景

××××年×月～××××年×月

某国××大学商学院　MBA 交换生

- 代表中国四所学校就商业合作项目对某大学提交项目建议书
- 参加某市市委组织的商业论坛，并作为代表在论坛的圆桌会议发言

××××年×月～××××年×月

××学院合作国际 MBA 项目　MBA 硕士

- 战略、品牌和市场研究方向，英文授课
- 担任学生会委员、班级晚会主持人和论坛外联部联系人

×××× 年 × 月～×××× 年 × 月

×× 大学　　　　　国际贸易本科

● 学士，英语专业八级

个人爱好

热爱旅游和马拉松、越野跑等运动

范例三：应聘工业管理岗位的候选人英文简历

Objective: Operation VP/GM/Director, Plant GM/
　　　　　Manager, Lean/TPM Director (Asia)

NAME: Mr. W

M. Phone: ××××××××××××

e-mail: ×××××@××××××

Personal info:

● Gender: Male

● Age: 37

Accomplishments and recognition

● ××××, as process owner in Technical Team
(operation/technique and manufacturing service) of
××× China, successfully introduced and kicked off
"Business Balanced Scorecard" method in operation,

5 key strategic factories passed ×××assessment

- ××××, led and facilitated factory management and industrial performance management team, realized RMB 150 million manufacturing cost optimization within China, 23% of which was standardized in a sustainable way for year ×××× and onwards

- ××××, "Individual Performance Excellence Award" of ××× Global Rolled and Extrusion Product Group because of outstanding performance with leading role and plant's effective and efficient actions to deal with economic downturn-Achieved 100% fulfillment of business plan of ×××× through RMB 14 million savings from Total Cost of Production and on time delivery of new products to key customers

- ××××, been rewarded for "IMPACT & Leadership", since leading operation team to achieve continuous profit growth in year ××××

Relevant skills / summary of qualifications:

Operation management, result-oriented and people-process oriented

- 15 years' experience in manufacturing and industrial operation, performing in a systematic and tactical manner, familiar with multiple industries-industrial products, semiconductors, metal processing and food industry

- With solid experience in strategy development and detailed execution-"Business Balanced Scorecard" method, "Hoshin" to translate strategy into actions, continuous improvement activities throughout the organization

- As manufacturing director, leading workshops, maintenance, planning & supply chain, and manufacturing technique team to focus on individual-and-organization development to link organization's target fulfillment with members' comprehensive competence development; being fully responsible for plant performance, including quality, order fulfillment (delivery), profit & loss, capacity growth as key performance indicators, moreover taking responsibility within manufacturing to support sales and marketing endeavor

Lean & TPM

- As "Corporate Total Performance" manager, contributed to "LEAN" concept development and rollout planning, and being fully responsible for execution in China in terms of 9 BUs, 23 factories

- Experience of being LEAN program leader of whole business unit to build up know-how teams, to develop master plans for each location aligning with company strategy, to provide internal consulting & training, to lead projects, and to conduct audit based on process survey tools

General skills and personality highlights

- Integrity
- Real leader rather than manger only, actively working in team
- Belief of performing excellence
- Job site attitude
- Familiar with competition and smoothly deal with changes, pressure and problems

Employment history

×××China Ltd.　　(××××-××××)

- Lean & TPM Director——China

  Report to Corporate Operation/Technique Director of China

Main responsibilities:

1. Strategy and execution for continuous improve-

ment of manufacturing facilities' overall efficiency, which is measured through "productivity/quality/conversion cost/delivery/EHS/morale"

2. Introducing "Business Balanced Scorecard" method into operation processes, and Serving as regional auditor

×××Product Ltd.　　（××××–××××）

- Manufacturing Director / Deputy General Manager （××××–××××）

Report to general manger of ××Plant

Main responsibilities:

1. Quality, Customer Service Level and Profit-Loss

2. Competence building through individual & team development and industrial relations

3. Planning and supply chain optimization-capacity growth, Capex, lead time improvement and value stream method application throughout process

4. Maintenance function-PM and TPM system to improve facilities reliability, cost-efficiency and equipment capacity growth

- Production Manager　　　(××××–××××)

Report to general manger of ××Plant

Main responsibilities:

1. ××× performance of shop floor

2. Production order fulfillment

3. Recovery (quality rate of manufacturing process) improvement

4. Manufacturing cost control

××× CHINA Investment　(××××–××××)

- ××× Business System Regional Manager

Report to manager of Asia Pacific

Main responsibilities:

1. Deploy ××× Business System-defined as the way of working to the operational excellence-across manufacturing unit within area

2. Establish ABS promotion force for each factory, and train the change agents for assigned workshop sections

3. Conduct audits to ensure alignment between local operations and global strategies

4. Organize workshops and benchmarking programs for experience sharing and mutual learning

5. Lead/facilitate key ×× project of locations

Education background

×××× – ××××　　××× University

BS of Mechanical Engineering

Important training (courses) received

Date/period	Training program
××××	Statistical Process Management
××××	TPM workshop
××××	Leadership workshop

应届毕业生简历的撰写

在招聘工作中，我曾经审阅过成千上万份应届毕业生简历，我发现，很多年轻人没能通过简历，充分展现自己的长处和独特价值。这些简历或流于形式，或过于琐碎，往往让招聘者难以捕捉到他们的核心优势。

应届毕业生在撰写简历时常常会陷入以下几个误区：

误区 1：过度追求简历的设计

很多应届毕业生把自己的简历设计得非常复杂，比如采用特别设计的扉页，用彩色纸张进行打印，甚至添加装饰性元素，把简历做得花里胡哨，却忽略了内容的实质。这种本末倒置的做法反而会分散招聘者的注意力。

好简历应该以内容为王，设计为辅。适度的视觉引导确实必要，比如用下划线标注关键技能，或用灰色底纹突出重要经历，但整体应当保持简洁、清爽。我特别欣赏那些在简历中融入手写元素的求职者，比如在空白处用便利贴补充一段国际交换生经历，这种人性化的细节往往能给招聘者带来真实感。

误区 2：加入不合适的照片

很多应届毕业生在简历中加入了自己的生活照，这其实并不合适。除了演员、模特等对相貌有要求的演艺类岗位，简历中的照片应当体现专业形象，一张得体的证件照足矣，过度修饰的生活照反而可能传递不恰当的信息。

误区 3：未能突出自己的竞争力

大多数应届毕业生没有全职工作经验，往往难以确定应该突出哪些核心内容。但实际上，应届毕业生仍然可以通过系统性地梳理和呈现以下优势来打造具有竞争力的简历。

比如，教育背景中的专业课程学习是重要的能力证明。不仅要列出与应聘岗位相关的核心课程，更应着重描述通过课程学习掌握的专业技能和完成的实践项目，如计算机专业的学生可以具体说明"通过'机器学习'课程设计开发了基于用户行为的推荐系统"。科研项目和学术活动也是有效的能力佐证。参与教授的研究课题、完成的论文、参与的学术竞赛，都能体现分析能力和专业深度，比如"协助教授完成'消费者行为分析'课题研究，负责数据收集与初步分析，研究成果发表于《××学报》"。当然，特殊技能和语言能力也不容忽视。除了专业技能证书外，流利的外语或独特的才艺都可能成为差异化优势。

我建议应届毕业生在撰写简历时遵循"重点突出，层次分明"的原则。每一段描述都围绕一个中心主题：应届毕业生可塑性强，既有先进的理论知识，又有将知识转化为实践的能力。

具体来说，应届毕业生简历应该重点描述的内容包括：

1. 实习经历与社会实践

大学期间的实习经历和社会实践是应届毕业生简历中至关重要的组成部分。随着就业市场竞争日益激烈，越来越多的学生开始重视实习的价值。这源于一个基本事实：用人单位最看重的往往不是学历本身，而是实际的工作能力。优质的实习经历能够有效弥补应届毕业生在工作经验方面的不足，向招聘者展示你已经具备一定的职业素养和专业技能。

在简历中呈现实习经历时，应当把握以下几个关键点：

第一，相关性原则至关重要。与应聘岗位直接相关的实习经历自然应当优先呈现。比如应聘文秘岗位时，在图书馆担任兼职管理员的经历就很有价值，这段经历培养了文档整理、读者服务和行政事务处理等核心能力。即使是看似不相关的实习经历，只要能够提炼出可迁移技能，也值得写入简历。

第二，知名企业的实习经历具有加分效应。大型企业或行业领先机构的实习经历，不仅代表专业能力得到了认可，也暗示你已接受过系统化的工作训练，可以直接投入相关工作。在描述这类经历时，可以适当强调企业的行业地位和实习期间接受的规范化培训。

第三，各种社会实践活动同样具有证明价值。校园媒体经历对传媒类岗位尤其重要，比如担任校刊记者或运营自媒体账号的经历，能够体现文字表达能力、新闻敏感度和新媒体运营技能，对应聘记者类职位有很大帮助。值得注意的是，即便是短期的兼职或志愿工作，只要能够体现能力和价值，都值得精心呈现。关键在于突出通过这些经历培养的具体技能和取得的实际成果，而非简单地罗列工作内容。

2. 专业知识体系

专业知识体系是应届毕业生在简历中应重点呈现的内容。随着科技发展和知识迭代加速，应届毕业生掌握的前沿知识往往成为不同于其他应聘者的显著优势。以计算机专业的应届毕业生为例，掌握最新知识或参与前沿课题研究会更具竞争力——不仅掌握 C++ 语言还精通 Python 语言，具备大语言模型基础知识，或参与过大数据分析相关课题研究。

在简历中展示专业知识体系时，应当注重以下要点：

首先，专业课程的呈现需要体现知识结构的系统性和前沿性。建议采用分类列举的方式，将课程按相关性排序，并突出特色课程和优异成绩。

其次，要突出将知识转化为实践的能力。单纯罗列课程名称价值有限，更重要的是展示如何将知识转化为实践的能力。比如，可以在相关课程后补充参与的社会实践或社会调查项目。

3. 技能与能力

应届毕业生在大学期间其实已经具备了很多技能与能力，比如计算机的操作能力、熟练的英语表达能力（有的学生甚至掌握了两门以上的外语），还有驾驶技术等，这些都可以写在简历中。

能力的体现也是多种多样的，你还可以在简历里介绍你做的毕业论文或毕业设计，这是你运用这几年所学知识并转化为专业能力的体现。如果你学习成绩优异，曾经获得过奖学金，或者曾经参加过专业比赛并取得了好成绩，一定要写在简历里，这些都能体现你的技能与能力。

4. 性格特征和兴趣爱好

在简历中恰当地展现性格特征与兴趣爱好，能够为应届毕业生勾勒出更为立体的人物画像。作为职场新人，应届毕业生最大的资本在于其可塑性——就像未经雕琢的玉石，蕴含着无限可能。招聘者常常会通过性格特征和业余爱好，来预判应聘者的适应能力和发展潜力，甚至会根据这些向其推荐一些意想不到的机会。

在描述性格特征和兴趣爱好时，应该避免泛泛而谈，要列出那些能够印证性格特点的具体事例，比如，具备领导能力，可以用"担任校报主编两年"来佐证，学习能力强，可以用"自学通过日语 N1 级考试"来加深印象。这些真实的成长足迹，往往比华丽的形容词更能展现个人能力。

值得注意的是，性格特征与兴趣爱好的描述应该适度，3～5 行的篇幅就足够勾勒出主要特质，过长的自我剖析反而可能分散重点。同时，内容必须真实可信，任何夸大或虚构都可能在后期的面试中露出破绽。

在充满可能性的职业起点，一份精心准备的简历是应届毕业生最好的敲门砖。它不必完美，但必须真实；不必面面俱到，但要有闪光点。

应届毕业生简历范例一

马女士
电话：×××××××××××
邮箱：×××××@×××××

教育经历
×××大学　国际经济与贸易专业　××××年×月~××××年×月

实习经历
××TV某栏目组　编导　××××年×月
在××TV某栏目组进行寒假实习，了解设备用法，学习视频剪辑，担任摄影棚助理

获奖情况
"×××"创意大赛　校亚军队伍　××××年×月
作为队长，带领全队为某公司新推出的笔记本电脑设计了完整的市场推广策划案
×××原创文学大赛　青春言情区季军，入围总决赛
××××年×月
参加×××原创文学大赛，长篇小说《×××》以青春言情区季军的成绩入围总决赛

实践活动
某文学网站　VIP签约写手、兼职编辑
××××年×月
- 作为VIP签约写手，在"×××"文学网站发稿，

参加各种比赛和活动

- 作为兼职编辑，游走于各大文学网站，寻找和发掘优秀作品和作者，并通过交谈取得作者本人同意，与其签约，负责前期宣传和推广

上海公园　讲解员、志愿者　××××年×月

个人技能

- 计算机　熟练运用 Excel、PowerPoint、Word、Photoshop、Flash、Premier 等软件

应届毕业生简历范例二

张女士

个人概况及联系方式：

性　　别：女

出生年月：××××年×月

籍　　贯：北京

电　　话：××××××××××

邮　　箱：×××××@×××××

教育背景：

- 学历：大学本科××××年×月～××××年×月　×××大学│工商管理学院│物流管理专业
- 所修课程：主修管理学、财务管理、公司治理、市

场营销、人力资源管理、企业战略、会计学、客户关系管理、供应链管理、国际物流、仓储与配送管理等

学生工作与社会实践：

- 社会实践：
  - ××××年×月～××××年×月　在某会展中心中国×××读书办公室担任助理。协助组织了两场大型教育讲座并代表组织赴山区贫困小学捐赠图书
  - ××××年×月～××××年×月　在××有限公司实习，协助总经理进行日常经营协调与管理
  - ××××年×月～××××年×月　在××有限公司担任财务经理助理，负责写字楼项目的账单整理，发票审核等财务工作
- 学生工作：
  - 校学生会文艺部活动策划——策划学校各类文艺活动，如校园风采之星大赛及迎新晚会等
  - 学生会宣传委员——负责宣传支部活动及校园活动，撰写活动通讯稿

个人技能：

- 英语水平较好，通过全国大学英语六级考试。熟

练使用 OFFICE 办公软件

获奖情况：

- ××××年×月～××××年×月 各学年均获得学校奖学金（总计 3 次）
- ××××年 校园之星大赛礼仪之星奖

第 4 章

成功藏在正确的求职路径里

选对路径，求职事半功倍

当一份精心打磨的简历终于完成，很多求职者会长舒一口气，这种如释重负的感觉可以理解，然而，写一份好的简历只是万里长征的第一步。很多时候，现实往往令人意外——投出上百份简历却杳无音信，那些简历就像投入大海的石子，激不起半点涟漪。

这让我想起曾经遇到的一位求职者，他向我倾诉：

"我是一名刚走出校园的应届毕业生。我在国内一些知名的求职网站上看到很多招聘应届毕业生的招聘广告，于是，我按照招聘要求，精心准备了简历和求职信，满怀期待地投递到了指定的邮箱。收到系统自动回复的'投递成功'的确认邮件时，我高兴极了，仿佛已经触摸到了职场的大门。

然而，日复一日的等待渐渐消磨了我最初的热情。一个月、两个月过去了，邮箱里除了几封自动回复外，始终没有收到期待中的面试邀约。每次刷新邮箱，那种期待落空的失落感就非常强烈。我反复审视自己的简历：专业对口、成绩优异、实习经历丰富，明明完全符合招聘要求，为什么连一个展示自己的机会都没有？

这种'石沉大海'的求职经历让我既困惑又不甘。就像精心准备了一场演出，却发现观众席上空无一人。我开始怀疑：是简历不够突出？是投递方式有问题？还是竞争太过激烈？看着身边同学陆续收到录取通知，我越来越焦虑。"

这位求职者不是个例，有着同样烦恼的求职者数不胜数。

简历如同一把钥匙，但若找不到正确的门，再精美的钥匙也失去了用武之地。而找到合适的求职路径，则是发现那扇门的过程。正确的投递渠道，才能让你的简历被真正需要它的人看到，从而为你赢得更多的面试机会。

目前，招聘渠道的多元化、企业筛选简历方式的智能化变革，以及人才市场竞争的激烈，都使选择合适的求职路径变得至关重要。就像去旅游，有人选择坐飞机，有人喜欢坐火车，还有人偏爱自驾，不同的选择，决定了到达目的地的效率与体验。

想象一下，你是一位技术精湛的程序员，掌握当下最热门的编程语言和开发框架，如果你的简历只投递给传统制造企业，那么即使你的技术再强，也可能因为行业不匹配而被忽略。同样，如果你是一个渴望加入初创公司的年轻人，却只知道在大型招聘网站上广撒网，而不了解初创企业更倾向于通过行业社群、内部推荐等渠道寻找人才，那么，你也很可能与心仪的机会失之交臂。

选择合适的求职路径，本质上是在提升人才与岗位的匹配效率。就像在茫茫人海中寻找知音，与其漫无目的地呼喊，不如先确定知音可能出现的场所。每一个求职渠道都有其特定的受众群体和运行规则，理解这些规则，才能让求职事半功倍。

在这个信息爆炸的时代，求职者面临的最大挑战是如何从海量的招聘信息中识别出真正适合自己的机会。就像在森林中寻找出路，我们需要学会辨认各种标记，而不是盲目乱闯。那些最终获得理想工作的求职者，可能不是最优秀的，却是最善于选择路径的。

因此，当我们完成简历的撰写后，真正的挑战才刚刚开始。下一步要做的，是认真分析各个求职渠道的特点，了解目标企业的招聘偏好，选择精准的求职路径。在求职这场无声的竞赛中，选择比努力更重要，策略比热情更关键。你的简历值得被看见，但前提是，你要把它送到对的人面前。

接下来，我们分别介绍求职的五条路径：互联网、现场招聘会、人脉推荐、猎头合作和登门自荐。

互联网：数字化时代的求职主战场

在数字化时代，互联网渠道已经成为求职的主战场。这一求职路径最吸引人的地方莫过于它的便捷与高效。轻轻点一点鼠标，简历就能跨越千山万水，直达招聘者的邮箱；滑动屏幕，就能浏览上百家企业的招聘需求。这种效率革命彻底改变了求职的方式，让我们足不出户就能触及全国甚至全球的工作机会。特别是在北京、上海、广州和深圳这样的一线城市，互联网几乎成为求职者的标配工具。

不过，互联网的弊端也同样明显——竞争激烈，简历容易被淹没在信息的海洋里。一个普通的岗位发布后，招聘者的邮箱可能在几天内就会被数百份简历填满。在这样的环境下，我们的简历就像注入大海的一滴水，想要引起注意谈何容易。

经过多年的观察，我发现，一位求职者如果想找到一份理想的工作，需要通过各种互联网招聘平台向100多家公司投递简历，但有可能只得到10个面试机会，最终拿到的录取通知可能只有一个。这意味着，如果只是机械地海投简历，成功率可能低至1%。这个数字看似令人沮丧，却也揭示了一个真理：互联网求职不是碰运气，而是一门需要精心谋划的技术活。

那么，究竟如何才能利用好互联网渠道，实现从简历到面试的跨越呢？关键在于提高精准度。首先，要精准定位目标企业，就像狙击手要先锁定目标。其次，要精准匹配岗位要求，根据招聘信息撰写清晰的简历。最后，要了解目标企业习惯使用的渠道，不同行业、不同规模的企业偏好不同的招聘平台，因"企"制宜才能精准地投递简历。

2024年，我进行了一次抽样调查，发现大多数企业常用的招聘平台包括以下几个（仅供参考）：

- BOSS直聘
- 智联招聘
- 前程无忧
- 猎聘网
- 领英
- 高校人才网

● 当地人力资源社会保障局网站

根据我的调查，大型企业通常会同时在 3～4 个主流招聘平台上发布职位，采取"多点开花"的招聘策略。这种多渠道布局的背后，是企业对人才多样性的追求。它们既要在智联招聘、前程无忧这样的传统平台覆盖基础岗位需求，也要在猎聘网、BOSS 直聘等新兴平台寻找专业人才。

中小型企业则更倾向于精准投放，受限于人力资源和预算，它们通常会选择 1～2 个最具性价比的招聘平台。比如，制造业企业偏爱智联招聘，互联网创业公司青睐 BOSS 直聘。这种选择既考虑了平台用户与目标人才的匹配度，也兼顾了对招聘成本的把控。

特殊行业则形成了独特的招聘生态。以高端律师事务所为例，它们更倾向于通过猎头公司寻找人才。这不仅仅是为了节省时间，更是因为这类岗位对专业性的要求极高，需要借助猎头的专业眼光进行筛选。同样，在金融投资、医疗健康等专业领域，猎头渠道也占据着重要位置。关于猎头渠道，我将在后面的章节中进行详细阐述。

除了第三方平台，企业官网和官方微信公众号正在成为越来越重要的新兴招聘渠道。很多大型企业，特别是外企和上市公司，都会在自己的官网上设置专门的招聘板块。这些渠道的竞争性往往相对较小，因为知道并会使用这些渠道的求职者并不多。如果你有明确的目标企业，直接去它们的招聘板块投递简历，往往比在各个招聘平台广撒网更有效。另外，一些新兴的互联网渠道也不可忽视，如抖音、快手等直播平台的"直播带岗"。

在互联网求职中，简历库功能是一个常常被忽视的利器。很多企业会登录招聘平台的简历库，主动寻找符合自己要求的候选人。在招聘平台的简历库中"守株待兔"也是一种策略。你可以将自己的简历完善后留在平台的简历库中，这相当于在人才市场上开了一个 24 小时营业的店铺，会给你带来很多意想不到的机会。值得注意的是，这种方式存在一个潜在风险：如果你现在是在职状态，你所在用人单位的人事部门如果购买了该简历库的搜索权限，也有可能在库里找到你的简历，这可能会给你现在的雇主留下不安心工作的印象。

互联网求职就像一场没有硝烟的数字战争。在这场战争中，决定成败的，不是简历投递数量的多少，而是个人价值是否精准传递。互联网只是工具，人才是使用工具的主体。工具再先进，也需要使用者的智慧。当我们研究企业招聘渠道偏好时，实际上是在解码企业的用人逻辑；当我们选择特定平台时，是在寻找最适合自己的职业舞台。了解了这一点，我们就能提高求职效率，在竞争中赢得先机。

现场招聘会：面对面的机会窗口

在丰富多样的求职路径中，尽管互联网占据主流，但现场招聘会依然以其独特的优势占据着重要位置。

这种面对面交流的形式，为求职者和用人单位搭建了一个直接沟通的桥梁。无论是校园里定期举办的专场招聘会，还是由政府部门或专业机构组织的大型社会招聘会，都为求职者提供了宝贵的就业机会。理解现场招聘会的运作机制并掌握参与技巧，能帮助求职者在激烈的竞争中脱颖而出。

相较于线上投递简历的机械化与不确定性，现场招聘会最大的魅力在于它的即时性和互动性。求职者不再需要通过冰冷的电子屏幕与用人单位沟通，而是能够直接与招聘者面对面交流。这种直接的接触让双方都能获得最真实的第一手信息——求职者可以直观感受企业的氛围，观察招聘者的态度，甚至从展位的布置、宣传资料的风格中推测一家公司的文化。招聘者也能即时评估求职者的沟通能力、专业素养和性格特点。这种双向的即时反馈，是互联网无法实现的。

在招聘会上，求职者需要敏锐地捕捉两类机会：自己感兴趣的岗位和自己感兴趣的用人单位。只要发现匹配的机会，就要主动上前递上简历，并进行简短的自我介绍。这一过程看似简单，实际上却暗藏技巧——如何在短时间内让招聘者记住你？如何让自己的简历从众多竞争者中脱颖而出？如何通过短暂的交谈争取到后续面试的机会？

在参加招聘会之前，不要抱着"碰运气"的心态，而要做好精心准备：

- 纸质简历必须打印清晰、装订整齐，避免皱褶或污渍，因为简历的质感往往能反映出求职者的职业态度。
- 着装要与面试时的标准一致，整洁得体，既不过于随意，也不过分夸张，以展现专业形象。
- 准备简洁有力的自我介绍，在 30 秒内说明你的优势以及你与岗位的匹配度。

这些准备都是为了在招聘会上给招聘者留下良好的第一印象。心理学研究表明，第一印象在招聘过程中具有决定性作用。招聘者往往在最初的几秒钟内就会对求职者形成初步判断，而这种判断极有可能影响最终的录用决定。因此，与招聘者的第一次接触——无论是递简历、握手，还是简短的自我介绍——都必须精心设计。

当你走向招聘展位时，应该面带微笑，礼貌地问候对方，并递上简历（简历的显著位置应清晰标注应聘岗位）。握手要坚定但不生硬，眼神交流要自然。随后，用最精炼的语言介绍自己："您好，我是×××，想应聘贵公司的××职位。我在××领域有×年经验，擅长××技能，曾主导过××项目……"这样的开场白既能快速传递核心优势，又能避免冗长拖沓。

如果招聘者低头阅读简历，说明他对你产生了兴趣，此时可以进一步交流。比如，询问岗位的具体要求、团队的工作方式，或者公司的未来发展方向。这样的互动不仅能加深招聘者对你的印象，还能帮助你更精准地判断这家公司是否适合自己。

记住，参加招聘会不是简单地投递简历，而是一次展示综合实力的机会。它考验的不仅是你的专业能力，还有沟通技巧、应变能力以及观察力。与招聘者的每一次交流都是一次微型面试，每一次提问都是展示思维深度的窗口。当你带着这样的认知走进招聘会场时，就能将普通的求职行为转化为令人印象深刻的专业展示。

有经验的招聘者通常会在候选人的简历上做标记，以便后续筛选。因此，在招聘会结束后，你应该及时整理当天的投递记录，并针对重点企业进行跟进。比如，通过邮件或招聘平台发送感谢信，重申自己的优势和对该岗位的兴趣。这种主动的姿态，往往能让你在众多候选人中脱颖而出。

此外，招聘会也是了解行业趋势、拓展人脉的场合。即使某些公司当前没有合适的岗位，也可以与招聘者建立联系，未来可能有新的机会出现。

在这个充满不确定性的求职市场中，现场招聘会提供了一个难得的确定性：至少在这一刻，你的简历不会被算法过滤，你的声音不会被信息洪流淹没。抓住这个机会，用专业和真诚打动对面的人，或许就能打开意想不到的职业之门。毕竟，在求职这条路上，有时候最传统的方式反而能带来最新的机遇。

人脉推荐：隐藏的黄金通道

很多人都没有意识到，在自己的身边就有一个有效的求职路径——人脉推荐。事实上，通过人脉获得工作机会的成功率远高于其他招聘方式。那些看似平常的社交关系——朋友、同学、前同事，甚至是只有一面之缘的人，都可能成为你职业发展的助推器。关键在于，要让这些人知道你正在寻找机会，并明确告诉他们你需要什么样的帮助。

人脉推荐之所以如此有效，是因为它建立在信任的基础之上。当企业内部员工推荐一个候选人时，招聘者会天然地给予更多关注，因为这意味着这个候选人已经通过了第一轮"信任筛选"。这种信任传递的价值，是再精美的简历也无法替代的。

人脉关系可分为强关系和弱关系，这一理论来自美国社会学家马克·格兰诺维特发表的论文《弱关系的力量》。弱关系是指个体之间互动较少，情感联系较弱，依赖性较低的关系。比如邻居、偶尔见过的朋友、工作关系中的联系人，或者是通过你的强关系认识的人。强关系是指个体之间频繁互动、情感深厚、相互依赖的关系，比如家人、亲戚、密友、同学或同事。在这些关系中，对于人们寻求资源支持和情感帮助非常重要。马克·格兰诺维特的研究发现，弱关系往往能带来更多意想不到的工作机会，因为与你弱关系相连的人所处的社交圈与你不同，掌握的信息也更具多样性。

此外，美国心理学家斯坦利·米尔格兰姆通过实验验证了六度分隔理论，向人们揭示了弱关系的强大。这个理论认为，只要通过六个人的关系链，就可能和全世界建立连接。这意味着，你心仪的公司里，很可能就有你朋友的朋友，或者同学的同学，关键在于激活这些看似遥远实则紧密的联系。

让我们看一个真实的成功案例：

一位即将毕业的大学生向我咨询，说她正在寻找合适的实习机会，她心仪的单位是上海非常有名的某某卫视，她已经在网上投递了三次简历，但等了 2 个月都没有任何消息。我建议她尝试通过人脉推荐寻找突破口，她深受启发，并马上采取了行动。

让我们看看她是怎么做的吧：她先是花了一整天时间泡在学校论坛上，从往届校友的分享中拼凑信息，最终锁定了目标单位人力资源部经理的名字。她没有贸然打电话或直接上门，而是在微博上找到了那位经理的账号，精心编辑了一条私信："老师您好，我是××大学播音专业的学生，特别向往贵台的实习机会。冒昧打扰，能否请您告知正确的简历投递渠道？"那位敬业的经理很快就回复了她，不仅提供了招聘邮箱，还附言"期待看到你的作品"。原来，这位经理平时就很关注年轻人才的培养，经常在微博上分享行业见解。

两周后，当大多数同学还在为网申杳无音信而焦虑时，这位大学生已经拿到了梦寐以求的实习录取通知。当然，这里有个前提，她的专业能力和大学期间的表现非常出色，特别适合从事这家电视台的实习工作。

这位大学生的故事告诉我们：求职路径从来都

不止一种。当你遇到阻碍时，不妨停下来思考：是否还有其他未被发现的路径。也许答案就藏在你的通讯录里，或者某个看似无关的弱关系中。

为了充分利用人脉网络的力量，你首先需要系统地梳理自己的人脉网络。你可以制作一个如表 4-1 所示的人际关系分析清单，列出各类联系人及其可能提供的资源和可信度。这个清单应该包括强关系和弱关系，因为机会可能来自任何角落。这份清单不仅能帮助你全面认识自己的人脉网络，还能在你看不见的地方为你捕捉机会。

表 4-1　人际关系分析清单

关系类型	细分关系	姓名	可能链接的资源	是否可信赖
强关系	家人			
	亲戚			
	朋友			
	同学			
	同事			
	导师			

（续）

关系类型	细分关系	姓名	可能链接的资源	是否可信赖
弱关系	微信群友			
	朋友拥有的关系链			
	在专题展会和论坛中认识的人脉			
	邻居			
	业务相关者			

值得注意的是，人脉求职的一个常见误区是只关注高层人脉。实际上，前台接待、部门助理等基层员工往往掌握着第一手的招聘信息。前文提到的那位大学生就是从校园论坛入手，最终找到了突破口。这提醒我们，在构建人脉网络时，要避免"只往上瞧"的倾向，每个节点都可能成为关键连接点。

当然，人脉帮助是双向的，当你能够为他人提供价值时，别人也会更愿意帮助你。人脉求职的最高境界是成为"人脉节点"。当你在某个领域积累了一定专业度和影响力时，机会会主动找上门来。比如在技术社区积极解答问题，在行业论坛发表见解，这些行为都能提升你的能见度，吸引潜在雇主的注意。

有一点尤其需要注意，人脉推荐虽然高效，但最终决定成败的还是你的能力高低。那位大学生之所以能成功，除了巧妙地运用人脉，更重要的是她确实具备电视台需要的专业素质和经验积累。人脉可以帮你打开门，但走进去站稳脚跟还得靠真才实学。

猎头合作：不可忽视的精准求职路径

在职场金字塔的中高层，活跃着一群特殊的"人才中介"——猎头顾问。猎头，这个源自英文"head-hunting"的专业术语，形象地描绘了人才寻访者如同猎人般精准捕捉目标的过程。他们敏锐地捕捉着人才市场的每一次波动，为优质企业与优秀人才搭建起桥梁。

猎头行业在中国的发展历程恰似一面镜子，映照出中国职场生态的变迁。20 世纪 90 年代，最早一批猎头公司随着外资企业进入中国市场，起初主要服务于跨国公司。随着本土企业的快速崛起和市场需求的多元化，本土猎头机构如雨后春笋般涌现。如今，猎头服务已经从最初的高管寻访，逐步渗透到各个专业领域和职级层次，形成了覆盖全产业链的人才服务体系。

猎头服务的核心价值在于其精准匹配的能力。与海投简历这种"广撒网"式的求职方式相比，通过猎头推荐往往能获得更高的面试转化率。这是因为猎头顾问不仅了解企业的真实需求，也熟悉行业的人才分布情况，能够在供需两端进行精准对接。

当然，猎头服务并非完美无缺。每家猎头公司通常只服务于有限的客户群体，这就意味着求职者可能需要同时与多家猎头机构建立联系才能覆盖足够多的机会。

选择猎头推荐的方式，要注意以下三点：

第一，要充分与猎头顾问进行沟通，详细介绍自己的工作经历、教育背景和优势。

第二，向猎头顾问明确说明你想要应聘的行业类型、具体职位以及你期望的薪酬待遇。

第三，与猎头顾问建立良好的关系，如果这次推荐没有成功，猎头顾问还会继续为你搜寻其他合适的工作机会。

尤其需要注意的是，要与有资质、信誉良好的猎头公司和猎头顾问合作。

登门自荐：特定岗位的有效路径

在互联网招聘盛行的时代，有一种最原始却依然有效的求职路径正在被越来越多的人遗忘——登门自荐。

如果你细心观察就会发现，很多零售、餐饮、物流等行业的企业都会在店面显眼位置张贴招聘启事。这些招聘启事通常设计简洁明了，直接标注所需岗位、基本要求和联系方式。有些大型连锁企业甚至会准备标准化的应聘表格，由前台或保安统一收集后定期转交人力资源部门。与网上那些长期挂着的招聘信息不同，这些招聘启事往往意味着真实的、即时的用人缺口。如果求职者寻找的是超市促销员、导购、快递员、餐厅服务员乃至店长等岗位，直接走进目标公司的门店，递上自己的简历，往往比网络投递更能快速获得工作机会。

登门自荐的最大优势在于即时性。求职者能够第一时间接触到实际的用工环境，直观地感受工作氛围；招聘者也能当面考察求职者的基本素质和应变能力。这种双向的即时互动，是任何线上招聘都无法替代的。在快递站点，站长往往能在几分钟的交谈中判断出一个应聘者能否胜任高强度的工作；在餐厅，经理通过观察应聘者的言谈举止，就能大致了解其服务意识。这种基于真实场景的判断，远比简历上的文字描述来得准确。

值得注意的是，登门自荐也要遵循礼仪规范。着装要整洁得体，既不能太过随意，也不必过分正式；最佳到访时间通常是工作日的上午，避开客流高峰；提前准备好简洁明了的简历，最好能够简明扼要地写清楚自己的相关工作经验和优势。如应聘餐厅服务员，可以强调自己的耐心细致和应变能力；应聘导购岗位则可以突出产品知识和销售技巧。这些细节看似简单，却能大大提升求职成功的概率。

当然，登门自荐也有其局限性。它更适合对工作经验要求不高的基层岗位，对于专业性较强的职位效果有限；另外，不同企业对这种求职方式的接受度也不同，比如外资企业通常有更严格的招聘流程。因此，明智的做法是提前打电话咨询，了解企业是否接受直接上门应聘，避免白跑一趟。

在这个效率至上的时代，登门自荐提醒我们：找工作不仅是信息的交换，更是人与人的连接。有时候，最原始的方法反而能带来最直接的机遇。毕竟，在服务行业里，能够勇敢推开那扇门的人，往往也已经具备了这份工作最需要的品质——主动和勇气。

综合运用多元求职路径

无论是互联网、现场招聘会、人脉推荐、猎头合作还是登门自荐，每一种方式都有其独特的特点和适用范围。我对其进行了总结，通过表4-2，我们可以直观地看到不同路径的差异并掌握其使用技巧。

表 4-2　各种求职路径特点对比分析

求职路径分类	特点	适用范围
互联网	信息量大，是现在最常用的求职方式。成功率较低，简历很可能淹没在海量的信息里	技术岗位、专业岗位、中层以下的行政和管理岗位
现场招聘会	直接接触到用人单位的管理人员、比较直观。校园招聘多为这种类型的招聘。但是，获取的信息量有限	技术岗位、专业岗位、中层以下岗位和应届毕业生
人脉推荐	信息不对称，但准确率相对较高	大多数岗位都适用
猎头合作	成功率较高，信息量较少	技术岗位、稀缺岗位和中高层岗位
登门自荐	不确定性较高，旺季成功率较高，淡季成功率较低	服务行业和快速消费品行业的初级岗位

选择求职渠道就像选择交通工具——没有绝对的好坏，只有适合与否。聪明的求职者深谙"不把鸡蛋放在一个篮子里"的道理，不会只依赖单一渠道，而是会根据不同职业阶段和岗位特点，灵活调配各种渠道的投入比重，采取组合策略，进行多元布局：

初级岗位求职者采取"大面积撒网，重点捕捞"的策略：通过互联网广泛投递，同时重点关注几场高质量的招聘会，再辅以适当的人脉推荐。这种组合既能扩大覆盖面，又能提高关键机会的成功率。

中层求职者将更多精力放在互联网、人脉推荐和猎头合作上。这个阶段的职业转换更看重质量和匹配度。定期更新领英资料，参加行业交流活动，与几位可信赖的猎头保持联系，这些看似缓慢的投入往往能带来意想不到的优质机会。

高级管理人才的求职更多是通过人脉推荐和高端猎头合作，因为这个层级的岗位很少公开招募。同时，保持低调但积极的职业存在感，培养在行业内的口碑和影响力，当时机来临时，岗位自然会找上门来。

无论选择哪种组合策略，在开始行动时，都要记住：每一次行动都应该是经过思考的选择，而不是机械的重复。只有这样，你的简历才能真正发挥它的力量，为你赢得理想的面试机会。

需要注意的是，无论采用哪种求职方式，一定要挑选合法合规、信誉良好的企业、组织和中介。

耐心与坚持也非常重要。找工作所需的时间因人而异，有时需要数月的持续努力，重要的是保持积极的心态，不断调整策略。如果经济压力迫使你尽快就业，明智的做法是降低对理想工作的预期，适当扩大求职范围，考虑相关领域的岗位或稍低级别的岗位。这样不仅能缓解经济压力，有时还会带来意想不到的职业转折。

第 5 章

面试突围的制胜之道

重新认识面试

面试不仅是求职路上的必经关卡，也许更是职业生涯中不断重现的重要场景。从初入职场的新人面试，到管理岗位的晋升考核，再到高管职位的终极挑战，面试始终如影随形，决定着每个职场人的成长轨迹。

在传统观念中，面试常被视为一场考试——考官提问，考生作答，然后考官凭感觉完成选择。这种方式已经远远落后于时代，现在，我们需要重新认识面试。

面试的本质：多维度评估场景

现代职场中的面试早已超越了简单的问答形式，

成为融合心理学和行为学的多维度评估场景。

　　对求职者来说，面试是一个难得的展示舞台。面试时，简历上冰冷的文字可以变成生动的故事，工作经历中的数字能够被还原为真实的成就。这种"如何说"的背后，体现的是一个人的思维方式、价值观和职业素养。

　　对企业来说，面试同样至关重要。在知识经济时代，人才的价值越来越难以用简单的指标衡量。一个程序员的技术能力可以通过代码测试评估，但解决问题能力、团队协作精神、创新思维等软实力，只有通过面对面的交流才能感受到。这也是为什么越重要的岗位，面试轮次往往越多——企业需要在不同场景、不同角度观察候选人的多维表现。

　　当求职者走进潜在雇主大门的那一刻，一场无声的评估就已经开始了。从握手的力度到眼神的交流，从回答问题的逻辑到应对压力的表现，每一个细节都在向面试官传递着信息。通过精心设计的一系列问题，面试官得以观察求职者的即时反应、思维逻辑、情绪管理和价值观表达。在这个过程中，求职者既要展现专业技能，又要展示个人特质；既要回应对方的需求，又要表达自己的期待。聪明的求职者还会利用这个机会深入了解企业文化的真实样貌、团队运作的实际状况以及岗位面临的真实挑战。这种双向了解的过程，往往能帮助双方做出正确决策。

面试的目的：评估求职者与企业的契合度

面试是组织与个人相互探讨、彼此评估的机会，在这个人才竞争日益激烈的时代，理解面试背后的深层目的，对于求职者和用人单位而言都至关重要。

用人单位通过面试要达成的目的主要有：

1. 评估求职者与岗位的匹配程度

在面试的过程中，面试官首要考虑的问题是求职者是否能够胜任岗位的要求，他们多采用行为面试（BEI）的形式来考察求职者以往的工作经验、知识和技能等，从而评估求职者与目标岗位的匹配度。总体而言，初级岗位对知识和技能的要求比较高，而中高级岗位更看重以往的工作经验。

2. 评估求职者与组织的匹配程度

企业的价值观体现了用人单位的价值取向，体现了这个组织追求的目标和鼓励的行为。通过面试，用人单位对求职者的性格特征、价值观、兴趣以及忠诚度等进行考察，评估其与组织的价值观是否匹配。

3. 了解求职者的个人价值与用人单位薪酬待遇的匹配程度

薪酬待遇对于用人单位和求职者来说都是至关重要的一项内容，也是面试中必然涉及的部分。大多数用人单位都有自己固定的薪酬体系，也就是说，每一个固定的岗位都有一个固定的薪酬范围。随着级别的升高，薪酬范围会逐渐加大。在面试中，用人单位会综合评估候选人的市场价值——既考虑其专业技能和经验储备的稀缺性，也衡量其潜在贡献与团队现有成员的平衡性，并评估求职者在工资、奖金、福利和股权等方面的期待是否与自己提供的薪酬相匹配。这种对薪酬的探讨，不仅是数字层面的博弈，更是对双方价值认知的校准。

面试是双向沟通的过程，通过面试，求职者要达成的目的主要有：

1. 深入了解目标岗位

招聘广告上的文字描述往往只是冰山一角，真正的挑战和机遇都隐藏在文字背后。聪明的求职者会抓住面试机会，通过具体问题探查日常工作的真实场景："这个岗位面临的最大挑战是什么？""团队目前最需要补充什么样的能力？"通过这些问题，求职者可以了解目标岗位的具体职责与自身能力的匹配度。

2. 了解企业的薪酬福利

通过面试，求职者可以从基本工资、绩效奖金、股权激励和福利补贴等多个维度了解用人单位的薪酬福利，判断其是否符合自己的期望。聪明的求职者会把握这个机会，不仅了解数字本身，更透过数字读懂用人单位的价值主张和人才理念。

3. 考察组织文化与自身的适配性

组织文化的适配性在某种程度上决定了一个人的职业幸福感。通过面试官的言谈举止、办公室的氛围布置、员工互动的自然状态，敏锐的求职者能捕捉到组织文化的真实脉动。组织文化的匹配不是追求完全一致，而是寻找能让自己蓬勃生长的土壤。

总而言之，面试的最关键目的是评估求职者与企业多方面的契合度，帮助双方看清这段职业关系能否成就彼此。它不是终点，而是一段可能合作的起点；不是考试，而是对话；不是表演，而是相互审视。

但是，需要注意的是，很多开明的企业寻求的不仅是和组织高度一致的人才，还是一些价值观或工作经验方面与组织契合度不高的人才，因为契合度高意味着思维的同质化，而适度的"建设性差异"才是创新的源泉。企业从外部招聘人才，有时是因为现有团队的能力边界触及业务发展的天花板，无法满足组织的发展需要，而外部人才能为企业带来新观念、新技术或新资源，从而帮助组织开辟新市场或迎接新挑战。微软 CEO 萨提亚·纳德拉在转型时期就大量引进开源领域的人才，这些"异类"最终帮助这家传统软件巨头完成了云时代的华丽转身。

面试的形式：变化的形式，不变的核心

现代职场中的面试已发展出丰富多样的形式，每种形式都针对不同的评估需求而设计。

传统的一对一、面对面面试依然是基础形式，这种直接交流能让双方建立基本认知。随着科技的发展，视频面试已成为跨地域招聘的标配，特别是在初筛阶段。视频面试既节省时间成本，又能观察求职者在虚拟环境中的表现力。

行为面试（BEI）是当前专业岗位的主流评估方式，它能系统考察求职者的实际工作经验和问题解决能力。案例面试则在咨询和金融等行业广泛应用，现场分析商业案例既能测试专业知识，又能展现思维逻辑。无领导小组讨论多见于校园招聘，通过群体互动观察领导力和团队协作等软技能。

压力面试常见于高强度岗位招聘，通过刻意制造紧张氛围，测试求职者的应变能力和情绪稳定性。技术实操面试则广泛应用于工程师、设计师等岗位，要求面试者现场完成专业任务，直接验证其技术能力。

这些多元化的面试形式，反映了人才评估从单一维度向立体化、场景化转变的发展趋势。聪明的求职者会根据不同面试形式的特点，有针对性地展示自己的优势，而用人单位则通过组合多种形式，构建更全面的人才评估体系。

在这个快速变化的时代，面试形式的创新仍在继续，但无论形式如何变化，面试的核心始终不变——它是人与人之间的真诚对话，是价值与需求的相互匹配。

当双方都以开放和真诚的态度参与这场对话时，面试就不再是一场考试，而成为职业道路上一次有意义的相遇。毕竟，最好的雇用关系不是单方面的选择，而是双向的发现与认可。

当我们重新认识面试，就会明白它不只是求职的一个环节，还是职业发展的重要关卡。学习面试的艺术，意味着掌握了展示自我价值的方法，读懂了职场交流的密码。这种能力不仅可以帮助我们获得理想的工作，更能让我们在职业生涯的各个阶段都游刃有余。

面试电话：职业素养的第一次检验

当那通期待已久的电话铃声响起，你或许没有意识到，面试的考验其实从这一刻就已经开始了。用人单位打来的这通电话，远不只是简单的时间通知，更是对你职业素养的第一次真实检验。你的每个反应、每句对答都在向对方传递着重要信息。如何在电话中展现得专业、得体，在很大程度上影响着你能否得到那份心仪的工作。

　　想象一下这样的场景：在办公室里，HR 专员面前摊开着几十份筛选出来的简历，他拿起电话开始逐一联系。当电话接通的那一刻，电话那头的环境噪声、你的应答语气、沟通的专业程度，都在他心中勾勒着你的初步形象。这个第一印象往往比正式面试时的表现更具决定性，因为它展现的是你最自然的状态。

　　安静的环境是专业对话的基础。当电话铃声响起，如果可能，找一个不受干扰的空间接听。背景中的嘈杂声——无论是咖啡馆的喧闹声，还是电视机的噪声——都会分散对方的注意力，甚至让人质疑你的职业素养。就像你不会在菜市场进行重要商务谈判一样，接听面试电话也需要恰当的环境。

　　通话中的礼貌不是刻意的表演，而是职业素养的自然流露。"您好""请""谢谢"这些简单的礼貌用语，就像社交场合的微笑，能够营造舒适的沟通氛围。但要注意避免过度客套，真诚而适度的礼貌最能打动人心。

语速和清晰度是电话沟通的关键。太快的语速会显得急躁，太慢则可能给人缺乏活力的印象。理想的语速是让对方能轻松跟上你的思路，同时感受到你的热情。吐字清晰比口才出众更重要，毕竟电话那头的 HR 可能正在快速记录关键信息。

信息的确认是被很多人忽视的重要环节。当 HR 告知面试时间和地点时，最好重复一遍关键信息进行确认，并记录下来。这不仅避免了可能的误会，也展现出你严谨的工作态度。有位求职者曾因记错面试时间迟到了半小时，尽管能力出众，最终还是失去了机会。

通话结束时的感谢不是例行公事，而是建立良好印象的机会。一句真诚的"感谢您的时间安排"或"期待与您见面"，能为这次通话画上完美的句号。

记住，这通电话不仅是信息的传递，更是关系的开始。你展现的不仅是应答的技巧，更是对待机会的态度。在竞争激烈的求职市场中，往往就是这些看似微小的细节，决定了谁能在众多候选人中脱颖而出。

面试前的精心准备

在和用人单位在电话里确定了面试的具体信息之后，你就要对面试的每个环节进行准备了。那短短几十分钟的面试，往往承载着职业生涯的重要转折，值得我们投入百分之百的精力去准备，毕竟每一个细节都可能成为决定面试成败的关键。

面试前，要做好以下准备工作：

1. 牢记简历中的内容

记住简历中的每个细节是最基本的要求，特别是主要工作经历和教育背景的相关内容。

2. 收集有关用人单位的相关信息

深入了解应聘公司是很多人忽视的关键环节。你不仅要浏览公司官网上的公开信息，还应该关注行业动态、竞争对手情况，以及公司最近的重大新闻。一位成功获得心仪工作的求职者告诉我，他在面试中提到了公司最近的一个创新项目，这让面试官眼前一亮，因为大多数候选人都只关注岗位本身，这种深入的了解展现的是你真诚的求职态度和对行业的热情。

3. 收集有关应聘岗位的相关信息

关于应聘岗位的研究更要细致入微。仔细分析岗位描述中的每个要求，思考自己的哪些经历和能力与之匹配。最好准备几个能证明你胜任这个岗位的具体事例，因为面试官最想听到的不是"我能做"，而是"我曾经如何成功做到"。

4. 了解常见的面试问题

了解常见的面试问题有哪些，以及自己准备怎样来回答这些问题。表 5-1 是常见的面试问题，供你参考。

表 5-1　面试常见问题列表

问题类型	具体问题
面试中的一般问题	请简单介绍一下你自己 你为什么到我们公司应聘 你认为自己的哪些特质符合这个应聘岗位的要求 你怎样评价自己 你的性格是怎样的 你有什么缺点吗 你为什么换工作 你为什么进入上一家公司
职业生涯问题	今后 5 年你打算做什么 你理想的工作是什么
教育背景问题	请介绍一下你的教育背景 你为什么选修这些课程 你在班上的学习成绩如何 你得过哪些荣誉或奖励吗 你的成绩能反映你的能力吗 你最喜欢以及你最不喜欢的课程是什么 你参加过什么学校社团吗
工作经验问题	请介绍一下你的工作经历 我们为什么要聘用你 你现在的用人单位是什么？岗位是什么？职责是什么 你在工作中遇到的最大挑战是什么 你在工作中遇到的印象最深的挫折是什么 你符合应聘岗位的要求吗 在你的经历中，你最喜欢和最不喜欢的工作是什么？为什么 你的上级是什么职位？你向谁汇报 你和你的老板相处得如何 你最喜欢的老板是什么样的人

（续）

问题类型	具体问题
工作经验问题	你最不喜欢和哪种同事相处 你的下属有多少人 你目前最大的成就是什么 你为什么经常换工作 你是否被开除过 你工作中遇到的最失败的项目是什么
入职条件问题	你的现有工资是多少 你的期望薪酬是多少 你什么时间可以入职上班

常见问题的准备不是要你背诵标准答案，而是梳理思路的过程。那些"我们为什么要聘用你""你为什么经常换工作"之类的问题，看似简单却暗藏玄机。最好的准备方式是写下要点，然后用自己的语言反复练习，直到能够自然流畅地表达。可以找朋友进行模拟面试，请他们即兴提问，锻炼临场应变能力。

5. 事先考察去面试地点的交通路线

交通路线的考察看似小事，却可能成为影响面试状态的关键因素。提前一天实地踩点，估算好路上所需要的时间，考虑堵车等意外情况。那些因为迟到而慌慌张张冲进面试室的候选人，往往需要额外的时间来调整状态，而宝贵的第一印象已经打了折扣。如果竞聘者足够多，迟到往往也意味着出局。

6. 根据应聘岗位的要求，准备好面试时的服装

着装的选择要兼顾专业性与舒适性。根据行业特性选择合适的服装：金融、法律等传统行业可能需要正装，创意类公司可能更接受商务休闲装。关键是衣服要合身舒适，让你能专注于面试本身而不是不断调整领带或裙摆。建议面试前几天，在镜子前多试穿几套衣服，可以找来朋友帮助你评估，选出哪套衣服最适合面试，提前熨烫并整理好备用。关于如何着装，在下一节中，我还会进行详细介绍。

面试前的最后准备是心理调适。记住，面试是双向选择的过程，你不仅在被评估，也在评估这个机会是否适合自己。带着这样的心态走进面试室，你会表现得更加自信从容。

这些准备工作看似烦琐，但每一步都在增加你的胜算。当你做好万全准备走进面试室时，那份由内而外的自信，往往就是打动面试官的关键所在。毕竟，机会总是偏爱那些既做好准备，又懂得如何展示自己的人。

面试中的印象管理艺术

面试是一个高密度信息交换的过程，短短一两个小时内的每个细节都在向面试官传递着关键信息。这不仅是能力的展示，更是一次全方位的自我呈现。

印象管理的本质不是创造虚假形象，而是通过对各方面细节的精心把控，将真实的自己以最清晰的方式呈现出来，让面试官看到你最专业的一面。当所有细节和谐统一时，你就能在有限的时间里，完成一场令人印象深刻的自我展示。

印象管理需要在多个维度上发力：着装管理、时间管理、情绪管理、语言和非语言管理。

着装管理

走进面试室的那一刻，你的着装已经先于你的简历开口说话了。这身精心选择的服装，在无声中向面试官传递着你的职业态度和专业素养。研究显示，面试官在见到候选人的前 7 秒就已形成第一印象，而着装在这短暂却关键的评估中扮演着重要角色。

得体的面试着装是一门微妙的平衡艺术。它既要展现专业性，又要避免过度刻板；既要符合行业规范，又要保留个人特色。保守、整洁、干练的着装风格往往被广泛推荐，这样的着装风格符合大众审美，能跨越个人审美差异，传递出最稳妥的职业形象。

接下来，我们从衣着、发型、妆容和气味四个方面讲一讲着装应注意的事项。

1. 衣着

面试的衣着非常重要，能彰显个人社会形象，能通过视觉信息传达给对方积极的职业形象，同时也会起到心理暗示的作用。在某种程度上，你的衣着可能会直接影响面试的结果。选择衣着的总原则是：整洁干练、修饰得体，与应聘的岗位和行业风范相符合。

女士的衣着需要特别注意专业性与亲和力的平衡（适用于大多数常规办公岗位，艺术类岗位不包括在内）。初级岗位可以选择简约大方的职业套装、素色毛衣或衬衫配西服裙；高层管理岗位则更适合剪裁精良的深色套装和衬衫，展现权威感。裙装长度至膝盖以下为宜，既不失专业性又不显拘谨。切记避免过于暴露的款式或夸张的配饰，露脚趾的鞋子和鞋跟过高的高跟鞋也最好不要穿。你的衣着应该为能力加分，而不是成为讨论的焦点。

男士衣着的关键在于细节处的精致。熨烫平整的深色西装搭配素雅领带是经典组合，但要注意避免"过度包装"的生硬感。衬衫领口与袖口的整洁程度往往能反映一个人的生活态度。有些行业有着特有的行业惯例，比如 IT 和互联网行业偏好 T 恤衫、格子衬衫和牛仔裤，可以参考苹果公司的创始人史蒂夫·乔布斯和 Meta 公司创始人马克·扎克伯格树立的 IT 达人的形象。

所有服装都应熨烫平整、干净整洁。想象一下，当面试官注意到你西装袖口的褶皱，或是皮鞋侧面的灰尘时，会在潜意识中形成什么印象？

2. 发型

发型是衣着的延伸，同样以干练、整洁为宜。夸张的发色或前卫的造型可能会让面试官分心，而油腻蓬乱的头发则可能让人质疑你的自我管理能力，自然的发色和整洁的造型才是安全选择。

3. 妆容

女性妆容方面（不包括演艺工作面试），淡妆是最安全的选择。过浓的妆容容易分散注意力，而完全素颜又显得不够精神。

4. 气味

气味的控制同样重要。在生物学层面，气味是信息素的传递，也是潜意识层面的沟通与交流。若有若无的淡香比浓烈的香水更得体，清新的口气比任何名牌手表都更能给人带来好感。记住避开那些可能在密闭空间里显得突兀的气味源：香烟、樟脑球以及过于浓烈的洗衣液。在面试前不要吃大蒜、洋葱或辣椒等刺激性食物。

面试着装的真谛不在于追求时尚潮流，而在于展现最好的职业素养。面试不是时装秀场，你的能力才是主角，衣着和发型都应该是得体的配角，既不喧宾夺主，又能为你加分。当你站在镜子前检查最后的着装效果时，不妨问问自己：这身打扮是否让我感觉自信？是否适合这个行业？是否能帮助面试官看到我的专业能力？如果答案是肯定的，那么你已经用无声的语言，为接下来的面试奠定了成功的基础。

时间管理

守时是职场人的第一要求。提前 15 分钟到达面试地点是最理想的状态，这段时间足够你平复心情、整理仪表，又不至于让面试官感到措手不及。这短短的 15 分钟缓冲期，既是对他人的尊重，也是给自己最后的准备时间。

如果来得太早，也没关系，你可以到办公楼下的咖啡馆稍等片刻，点杯咖啡翻阅准备好的资料，既能放松心情又能温习要点。你也可以直接走进用人单位，向前台说明来意，并解释"我提前到达，可不可以边等待边阅读一下公司介绍"，大部分公司的前台都会准备一些有关自己公司的介绍材料，你可以在那里多了解一下对方的信息。还可以到卫生间整理一下妆容和衣服，确保领带端正或妆容精致，以最佳状态迎接面试。

意外情况最能考验一个人的应变能力。如果你因为交通状况、生病等意外情况而迟到或无法参加面试，务必在约定时间前通知对方。你要在电话或短信中简明扼要地说明情况，预估到达时间或商量改期，并表达歉意，真诚的沟通往往能化解信任危机。

面试过程中对时间的把控更是一门微妙的艺术。在面试中，回答问题时，3～10个完整的句子通常是最佳长度，既能展现思考深度，又不会让面试官失去耐心。太短的回答无法提供足够的信息量，会影响面试官对你进行评估。回答得太长，又会让面试官降低注意力和失去掌控感。特别要注意的是，当面试官频繁将眼神转向其他地方或频繁调整坐姿时，这往往是在暗示你的回答过于冗长。

有一点我还需要特别强调，在面试的过程中，面试官通常会让面试者用几分钟的时间介绍自己。把自己几年甚至几十年的工作经历浓缩在几分钟里实在不是一件容易的事情。为了陈述时表达清晰无误，你可以将每一段工作经历总结成要点，按照就职时间、岗位、工作职责、主要成绩的结构进行呈现。但你不必被面试官规定的几分钟所限制，可以用更多的时间来进行陈述，尤其是工作年限超过10年的求职者，需要陈述的内容会超过几分钟的时长，只要你的陈述内容清晰、重点突出、言之有物，面试官通常不会介意你的超时。

最后需要提醒的是，整个面试节奏的主导权是由面试官掌握的，聪明的求职者懂得察言观色、适时调整。只有当确定这个机会与自身职业规划严重不符时，才应该礼貌而坚定地掌控局面，结束面试。这种主动选择的态度，有时比被动接受更能赢得尊重。

时间管理贯穿面试始终，从到达的准时程度到回答问题的时间把控，每一分钟都在无声地展示你的职业素养。

情绪管理

面试从某种程度上来说是情绪能量的交换，积极乐观的情绪往往更能打动面试官。

这种积极的情绪状态通过多重渠道传递：适度的微笑让面部表情生动起来，自然的手势为语言增添感染力，微微前倾的坐姿表达专注与投入。就连回答问题的语调变化——在关键处稍稍提高声调，都能让平淡的陈述变得引人入胜。心理学家发现，人类大脑对情绪信号的敏感度远超理性内容，这就是为什么充满热情的回答往往比干巴巴的事实罗列更具说服力。

值得注意的是，积极不等于夸张，乐观不同于轻浮。最高明的情绪管理是找到专业与热情的最佳平衡点——既能展现你对工作的热忱，又不失职业人士应有的稳重。

当遇到压力性问题时，保持情绪稳定更显珍贵。面对挑战不慌张，遭遇质疑不防御，这种情绪韧性往往比完美的答案更能证明你的职业成熟度。能够在压力下保持从容的求职者，在实际工作中也往往能展现出更强的问题解决能力。

语言和非语言管理

面试主要通过求职者的语言和非语言信号传递信息，语言指一个人的语音、语调以及语言内容本

身，非语言信息包括手势、眼神、面部表情，以及
和对方的肢体接触等。相关研究揭示了一个令人深
思的事实：当我们试图传递信息时，语言内容仅占
影响力的 7%，语音语调占 38%，而剩余的 55% 则
完全来自那些无声的表达——微妙的眼神、自然的
手势、恰当的停顿。

因此，在面试过程中有效地进行语言和非语言
管理至关重要。

1. 语言管理

语言管理具体包括：

- 语速不要太快，保证每一句陈述对方都能听
  清楚。
- 每一次回答问题的时间都不要太长，不要超
  过五分钟。
- 不要急于回答问题，最好经过几秒钟的思考，
  组织好语言，再进行陈述。陈述时，配合微
  笑、点头或挥手等非语言的交流方式。

- 陈述的内容要实事求是，既不要夸大其词、过度吹嘘，也不要谨小慎微、过度谦虚。

尤其要注意的是，对于面试中的开放式问题，特别是行为面试题，要遵循 STAR 原则。行为面试题是面试官比较常用的提问形式，要求求职者讲一讲曾经的工作行为或具体事例，从而证明自己的能力。求职者的回答应包含以下几个要素：

- 情境（situation，S）：当时面临的具体情况或问题。
- 任务（task，T）：当时要完成的任务是什么。
- 行动（action，A）：当时采取了什么行动或措施。
- 结果（result，R）：最终的结果是什么。

比如，当面试官提问："你在工作中最难忘的经历是什么?"时，你可以这样回答：

"在我做管理咨询工作的五年中，我曾经遇到过一次挑战。当时，我的老板面临一个棘手的技术难题——需要为客户计算 300 个岗位的评估值，但他使用的 Excel 表格因版本限制无法支持单个单元格内 18 层嵌套公式的计算，导致整个评估工作陷入停滞。项目交付迫在眉睫，第二天就是提交最终方案的截止日，老板却一直没有找到解决方法。无奈之下，他只好向微软客服咨询，但是对方也无法提供即时解决方案。

当老板和另一位合伙人提到此事的时候，我正好在现场。在偶然听到这个难题后，我主动请缨，尝试解决。经过快速分析，我只用了 5 分钟的专注思考就找到了解决方案。

我创新性地将原本 18 层的嵌套公式拆分成三个部分，每个单元格分配 6 层嵌套，再通过链接公式将三个计算结果整合，成功解决了问题。老板非常吃惊，他三天没有解决的问题，没想到我五分钟就搞定了。"

通过以上案例，面试官可以解读出求职者的以下特质：一是主动请缨，工作态度积极主动；二是善于运用所学知识，解决紧急且未知的问题；三是计算机办公软件和数学方面的专业基本功非常扎实。

准备面试回答就像排练一场重要演讲。提前写下关键事例，反复推敲语言表达，但切记不要死记硬背。最好的状态是熟悉内容框架，又能根据现场情况灵活调整。

2. 非语言管理

非语言管理具体包括：

- 稳中有力的握手：力度适中，持续时间恰到好处，留下自信而不失礼貌的第一印象。
- 适度的微笑和幽默：适度的笑容和适宜的玩笑能化解紧张气氛，但切记要自然真诚。
- 适度的眼神交流：与面试官保持适度的目光接触，既能展现你的专注，又能建立信任感。面对多位面试官时，要自然地与每位面试官进行眼神交流。
- 注重肢体语言：肢体语言要展现积极的态度，比如放松的面部表情，目光正视对方的脸。当面试官发言时，微微前倾的身体和专注的目光比任何语言都更能体现你的认真态度。

- 坐姿端正：不要跷二郎腿，不要后靠或斜身歪坐。挺拔而不僵硬的坐姿展现专业形象，自然放在膝上的双手传递从容气质。

需要注意的是，面试时以下行为可能会使面试官对你产生负面印象，对面试评估产生不良影响：

- 握手时心不在焉，动作无力。
- 坐在椅子上晃动身体。
- 不敢正视面试官的眼睛。
- 用手抚弄头发。
- 两手无所适从，局促不安。
- 说话的声音太小或太大或吐字不清。
- 回答问题用时过长，使面试官失去了对面试的掌控感。
- 使用太多负面词语，抱怨以前的工作或同事。
- 在面试过程中多次打断对方讲话。

非语言管理的最高境界是让一切看起来毫不费力。当你的语言与非言语表达和谐统一时，就能展现出最具说服力的形象。

面试后的复盘：在反思中成长

复盘，原本是围棋术语，指棋手们在一盘棋局结束后重新复演棋局的过程。大多数围棋高手都有复盘的习惯，这是提高棋艺的常用手段。近些年，很多企业将这种方法用于企业管理，复盘由此成为非常有效的改进工具。其实，复盘的应用范围非常广泛，它可以用在工作和生活的方方面面。在面试后复盘，可以帮助我们提高未来面试的成功率。

复盘有自我复盘和教练协助复盘两种方式。你可以找一张 A4 纸，按照本节介绍的问题进行自我回顾和总结，也可以找一位经验丰富并且你非常信赖的朋友、学长或者专业人士作为教练，帮助你从第三方的视角审视面试的全过程。

复盘是一场与自己的真诚对话，你可以按照以下步骤对面试的整个过程进行回顾：

- 这次面试是否达到了最初设定的求职目标？
- 回想面试的全过程，自己的感受如何？

- 在面试过程中，哪些方面自己表现得比较好？
- 在面试过程中，哪些方面自己表现得不太好？
- 在面试过程中，哪些问题不确定自己回答得是否得体？
- 通过面试，对用人单位的印象如何？是否需要进一步接触？
- 在这次面试中学到了什么？
- 通过面试沟通，这次机会是否符合自己的职业预期？
- 通过这次面试，是否要调整本次求职设定的职业目标？
- （如果和教练对话）虚心倾听第三方教练给出的意见和建议。
- 总结这次面试的重点内容，并制订下一步行动或改进的计划。

复盘的终极目的不是评判过去，而是塑造未来。在总结之后，要制订具体的改进计划：如果是专业知识有欠缺，就安排学习时间；如果是表达不够流畅，就多做模拟练习；如果是行业了解不足，就加强信息收集。将这些计划写在便笺上，贴在显眼处，确保在下一次面试前完成。将这些计划转化为行动，下一次面试就会成为你展现成长的舞台。

与焦虑共舞，化压力为动力

无论是在面试前，还是在面试中，你都有可能感到焦虑和紧张。手心微微出汗、心跳加速、回答问题时结结巴巴，这是每个求职者都再熟悉不过的感觉了。这种焦虑不是你的敌人，而是身体为重要时刻所做的自然准备。就像运动员在起跑线上的紧绷，适度的焦虑反而能让你保持警觉和专注。理解这一点很重要：那些看似从容的面试高手，并非没有焦虑情绪，而是学会了与之共舞的智慧。

焦虑源于重视，对求职的期待越高，焦虑的程度就越高。过度焦虑会影响面试的正常发挥，从而影响到面试结果。化解焦虑的关键在于转化这份重视为力量。当你为一场重要面试做了充分准备——

了解公司背景、梳理自身优势、预想可能问题——这份准备会成为你最坚实的底气。

预演练习是克服焦虑的秘密武器。对着镜子练习自我介绍，观察自己的表情和肢体语言；邀请朋友扮演面试官，在模拟面试中打磨应答技巧；甚至可以用视频记录自己的回答，找出需要改进的地方。这些准备就像彩排，当真正的面试来临时，一切都会显得熟悉而可控。

进入用人单位之前，请做几次深呼吸，提高身体的血氧量，可以帮助你缓解自己的紧张情绪，减少肢体发抖和声音发抖的情况，使你的言行看上去得体、自信。

当你进入用人单位，坐在等候区时，不妨观察周围环境，将注意力从内心转向外部世界。看看墙上的企业标语，观察来往员工的工作状态，这些都能帮你平复心情，同时也能使你获得第一手信息，再次审视这家公司是否符合你的标准。

走进面试室时，记住一个简单却深刻的道理：

面试官也是普通人，他们期待的是看到一个真实而专业的你，而不是一个完美无缺的表演者。

当你学会接纳焦虑和紧张，将它们转化为专注的能量时，你会发现，原来最好的面试状态不是毫无波澜的平静，而是带着适度紧张的专注。

第 6 章

以职业转型实现人生破局

职业转型的困境与出路

在职业发展的征途中，我们常常会面临一个关键的转折点——职业转型。转型的原因是多种多样的，有些人是因为对现在的工作失去热情；有些人是到了中年，突然发现自己的职业发展遇到了瓶颈；有些人是因为所在行业不景气，不得不考虑转行；还有些人是觉得每天的工作太过琐碎，找不到价值和意义。无论出于什么原因选择转型，这个过程都充满很多困惑和挑战。

一位从事税务分析五年的女士曾向我咨询：她毕业于日语专业，却阴差阳错地进入知名会计师事务所从事个税咨询工作。五年间，她的薪资水涨船高，远超同龄人，但内心的职业困惑感却与日俱增。

她的处境颇具代表性：一方面，现有的高薪工作让她在物质上获得满足感；另一方面，日复一日的重复性工作正在消磨她的职业热情。这种矛盾在职场中并不罕见——当薪资增长与职业兴趣背道而驰时，很多人都会陷入类似的困境。

我问她："你喜欢你的工作吗？""说实话，我并不喜欢这份工作。"她坦白道出了问题的核心。五年前刚毕业时，进入知名会计师事务所似乎是个令人羡慕的选择。但随着时间的推移，她逐渐意识到，这份工作既不匹配她所学的专业，也不是她的兴趣所在。更棘手的是，她的专业能力集中在个税咨询这一狭窄领域，当她想要转向心仪的人力资源管理工作时，却因缺乏相关经验屡屡碰壁。

这种情况揭示了一个职场真相：职业转型的难度会随着时间推移而增加。在工作初期，我们的职业身份尚未完全定型，转型相对容易；但随着在某领域深耕多年，专业身份日益固化，转型的代价和阻力也会相应增大。就像这位女士，五年的税务工作经历既为她带来了可观的收入，也在无形中筑起了一道转型的壁垒。

她的案例也反映出另一个普遍现象：很多人在选择第一份工作时，往往更看重公司名气或起薪高低，而忽视了其与自身兴趣和能力的匹配度。这种选择在短期内可能带来较为丰厚的物质回报，但长期来看，如果工作内容与个人特质不符，很容易产生职业倦怠。

针对她的情况，我建议她采取"渐进式转型"策略。与其直接辞职寻找完全不同的工作，不如先在现公司内部寻求转岗机会。特别是从税务转向人力资源中的薪酬管理岗位，这种转型既保留了她原有的税务经验优势，又能逐步接触新领域。内部转岗的优势在于，公司对她的工作态度和能力已有了解，比外部求职要容易得多。

这种转型方式虽然可能需要暂时接受薪资下调，

但从长远来看是值得的。一方面，薪资差异可以通过新工作带来的成就感和发展空间来弥补；另一方面，在新的职业轨道上积累几年后，薪资水平很可能会重新提升。更重要的是，她终于能够从事自己感兴趣的工作，这种内在动力的恢复对职业发展和身心健康都至关重要。

职业转型从来不是一件容易的事，它需要勇气，更需要智慧。与其在不满意的岗位上煎熬，不如制订一个切实可行的转型计划。记住，职业生涯是一场马拉松，暂时的减速调整，是为了后续更好地加速。

中年突围：在职业高原开辟第二人生

有一位咨询者曾经向我倾诉：

"我已经四十几岁了，在一家企业做小主管，和我同龄的人都已经是部门经理了，而我几次竞聘经理都没有成功，这让我压力很大。我从来没换过工作，一毕业就在这家公司工作，我已经习惯了这里的生活，到了这个年龄，更没有勇气换公司，于是想在公司里换个部门，可这个愿望也很难实现。从现在的状况来看，事业能够起飞的可能性已经很小了，公司的发展前景也很不确定，我年纪大了，很有可能会下岗，而且我担心我在目前的就业市场上已经没有竞争力了。我的危机感特别强烈，我该怎么办？"

这段带着焦虑的自白，道出了无数中年职场人的共同困境——晋升受阻、前景黯淡，却又缺乏跳槽的勇气。他们就像困在笼中的鸟，明明渴望飞翔，却已经习惯了笼中的生活。

中年职业危机往往来得悄无声息。年轻时，我们以为只要勤勤恳恳工作，职业生涯自然就会一路向上。但现实是，组织的金字塔越往上走越窄，不是所有人都能挤上那狭窄的晋升通道。更残酷的是，在快速变化的商业环境中，企业的平均寿命只有7年，远远短于我们的职业生涯长度。

我有一位律师朋友,他的故事或许能给我们带来启发。作为律所合伙人,他本可以安于现状,却在工作之余潜心写作,最终成为畅销书作家。这不是简单的"斜杠青年"故事,而是一个关于职业韧性的启示:当一条路走到瓶颈时,我们完全可以在不放弃现有职业的情况下,开辟第二条成长曲线。这种"二元职业"模式,正在成为中年人应对职业危机的新选择。

另一位咨询顾问同事的故事同样引人深思。工作日他是西装革履的专业人士,周末则化身乐队吉他手。这种看似分裂的生活,实则构建了更丰富的人生维度。音乐不仅为他带来额外收入,更重要的是给他提供了情绪出口和创造力源泉。

彼得·德鲁克在给中年人的职业建议中曾经提到过二元职业,这是因为现实中的组织形态和以往传统的组织形态相比已经发生了非常大的变化,其中一个显著的变化就是工作者的寿命超过了部分组织的寿命。而且在某些组织里,中年人"被下岗"

的案例也是屡见不鲜。应对这种不确定性的最好办法就是增加选择的多元性。我们将会在未来看到更多人走上二元或多元的职业道路。这与知名学者查尔斯·汉迪的"第二曲线"理论不谋而合。汉迪发现，很多企业在发展遇到阻力的时候，依靠第二曲线的战略思想进行创新，就可以突破发展的僵局，重新起飞（如图 6-1 所示）。对于个人而言，这样的发展路径具有一定的借鉴意义。

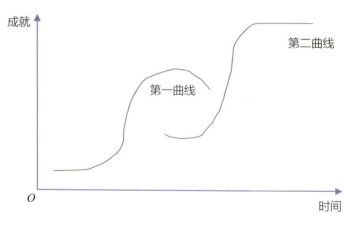

图 6-1　查尔斯·汉迪的"第二曲线"理论

值得注意的是，职业转型不是盲目跳跃，而是基于自身优势的战略转移。前文那位税务专员转岗人力资源薪酬管理就是很好的例子——她将原有税务知识作为跳板，而非从零开始。同样，中年职场人也应该思考：过去二十年的工作经验中，哪些是可迁移的能力？哪些人脉资源可以助力新方向？

需要注意的是，由于工作特性的差异，某些职业或行业具有特殊性，有法规或条例规定从业者不得发展其他职业或其他雇用关系，因此发展二元职业或多元职业需要遵守相关的法律法规和各用人单位的规章制度。

解决中年职业危机的钥匙从来不在老板手中，而在自己手里。当我们停止将全部价值寄托在单一职业轨道上，开始积累多元化的职业技能时，危机就可能成为转机。毕竟，人生的精彩从不在于职位高低，而在于能否活出属于自己的版本。

中年也不是职业生涯的终点，更可能是新的起点。年轻时我们可能凭着一腔热血横冲直撞，而中年转型更需要智慧和策略——认清自身优势，把握市场机会，在稳健中寻求突破。

在行业低谷期的三个锦囊

潮起又潮落，春去春又回，每个事物都有自身发展的规律。同样，每个行业都有自己的快速发展期，也会有衰退期。当我们谈论"夕阳产业"时，往往忽略了这样一个事实：真正决定职业前景的，不是行业的周期性波动，而是从业者能否在变化中保持创新的活力。

一位著名相声演员的故事恰如其分地诠释了这个道理：

在这位相声演员成名之前，相声行业已经是个叫好不叫座的"夕阳行业"了，很多相声演员因为生计问题放弃了相声这一行，有的当了电影演员去演戏，有的到电视台做起了主持人，以相声为职业的年轻人也越来越少了。

就在这样的大环境中，这位相声演员以自己的独特风格和原创的相声段子在娱乐圈刮起了一阵相声旋风，让久违的相声节目又回到了大众面前。在他的带动下，一批 80 后、90 后相声新人涌现出来，活跃在北京的小剧场里。观众的注意力也从小品重新聚焦到创新的相声节目上，相声行业又回到了兴盛的阶段，与此同时，相声演员的收入也有了很大改观。

行业周期如同大海的潮汐，有其自然规律。通常来说，一个行业会经历 7～8 年的兴盛期和 2～3 年的衰退期，当然，不同行业经历的具体时间有所不同。遇到行业兴盛期，从业人员的收入和就业机会将大幅度增加。物流行业近年来的爆发式增长就是最好的例证——曾经被视为低端劳动的配送工作，如今已成为数字经济的重要支柱，从业者收入水涨船高。而在行业衰退期，由于利润和规模的下滑，就会出现大规模裁员。

如果我们恰巧面临的是衰退期，该怎么做呢？我在这里提供三个锦囊：

1. 解决生存问题

生存永远是第一要务。在行业衰退期，我们的首要任务是确保生存底线。这时，适当降低对职位和收入的预期不是妥协，而是以退为进的智慧。就像寒冬里的树木，暂时放缓生长速度，只为积蓄力量等待春天。利用自身的技能和就业市场的劳动力缺口，尽快找到维持基本生活的合法收入来源，这是穿越周期的基础保障。

2. 做好能力储备

学习是抵御风险的最佳投资。行业低谷期往往是充电的黄金窗口，此时时间相对充裕，学习目标也更加明确。无论是精进本行业的新技能，还是开拓跨界能力，持续的学习都能为未来的发展做好准备。当行业复苏时，机会总是格外青睐那些在行业寒冬依然坚持成长的人。比如，一位在传统媒体工作二十年的编辑，就在行业低谷期学习数据分析和新媒体运营，最终成功转型为数字内容策略师。同样，那位相声演员如果不是在行业低迷期坚持创作，恐怕也抓不住后来的机遇。

3. 构建安全网

构建安全网是长期对抗风险的关键。安全网既包括有形的财务保障——合理的财务规划、稳健的保险配置，也包含无形的人际支持——家人的支持、朋友的帮助、同行提供的机会。这些都是在行业寒冬中保持定力的重要保障。特别是在职业转型期，三个月到一年的生活储备金能让你从容地做选择，而不是被迫接受不合适的机会。

值得注意的是，行业周期对不同岗位的影响并不均等。即使处于衰退期的行业，某些细分领域仍可能逆势增长。比如传媒行业，当传统媒体衰落时，内容创作者却在短视频平台找到了新天地。

在这个快速变化的时代，真正的底气在于培养跨越周期的能力。就像冲浪者不必等待风平浪静，而是学习做个乘风破浪的"弄潮儿"。当行业东风再起时，那些在低谷中砥砺前行的人，必将最先感受到春天的气息。

在琐碎中寻找意义

一位人事专员的烦恼折射出了当代职场人普遍面临的另一个困境：

"我在一家全球知名公司的人力资源部做人事专员，主要负责日常的行政工作，比如协助人力资源经理安排面试，制订面试的日程表。虽然我就职于一家国际知名企业，而且在上海最高档的写字楼里上班，但是我一点也不高兴。三年来，我每天重复着同样的事务性工作，学不到新东西，这令我很烦恼。我想换工作，但是担心自己专科升本科的学历没有竞争力，而且我对当初选择人力资源专业感到有些后悔，不知道什么样的工作是我喜欢做的。我该怎样改变现状呢？"

光鲜的工作环境掩盖不了日常工作的单调重复，

体面的公司招牌难以消除内心对职业价值的质疑，这位年轻人的困惑如此真实——每天与面试安排、日程协调打交道，三年如一日的行政工作逐渐消磨了最初的热情，学历的不足和对选择的怀疑更如同双重枷锁，让人既想逃离又不敢轻举妄动。

稻盛和夫将工作视为修行，这种智慧在琐碎的日常工作中尤为珍贵。复印文件、整理单据这些工作看似微不足道，实则是职业素养的基石。就像茶道中的每一个动作都有其深意，职场中的每件小事也都承载着独特的价值。当我们把装订一份文件视为确保重要决策准确无误的关键环节，把安排面试看作影响公司人才战略的基础工作，这些"烦人"的任务就获得了全新的意义。

除此之外，我们还必须认识到，很多琐碎的工作都是重要工作的必要组成部分，也是你的责任所在。在你拿到的收入中，有一部分薪水就是对这一部分责任的价值支付。

但承认工作的修行价值，并不意味着必须永远安于现状。如果能力已经远超岗位要求，就像长大的雏鸟必须离巢，我们也需要寻找更广阔的天空。此时，内部调岗往往是最稳妥的选择——既能突破现有局限，又不必完全从零开始。优秀的企业都明白，让员工在组织内找到合适的位置，远比失去一个熟悉公司文化的员工要划算得多。

值得注意的是，职业倦怠有时源于我们对工作认知的偏差。比如，人力资源工作看似事务性很强，实际上每个环节都关乎人的发展。安排面试不仅是协调时间，更是搭建人才与机遇相遇的桥梁；处理入职手续不只是填表格，而是帮助新人开启职业生涯的重要仪式。换个视角看，每件琐事都蕴含着深远的意义。

对于那些确实无法从现有工作中获得成长的年轻人，行动比抱怨更有价值。可以利用业余时间探索兴趣领域，通过在线课程弥补学历短板，或者在公司内部寻找导师指导职业发展。记住，改变现状的第一步不是辞职，而是重新定义自己与工作的关系——既不做琐事的奴隶，也不当空想的巨人。

职场如人生，不会永远精彩纷呈，但也不会一直平淡无奇，今天的行政专员可能是明天的人力资源总监，关键是在每个岗位上都培养出"把平凡做到极致"的能力。当我们在平凡中坚持精进，终会等到属于自己的绽放时刻。

AI 时代，我们如何寻求职业发展

在这本书即将完稿的时候，我们迎来了新的挑战——AI 的崛起，一个崭新的时代就此开启。回顾前两次工业革命的历史经验，我们可以预见，新技术必将再次大幅度提升劳动生产率，一批新兴行业和新兴职业也会应运而生，但与此同时，一批行业又将被颠覆，一批职业又将会消失。那么，到底哪些行业将被颠覆？哪些职业将会消失？这让许多职场人战战兢兢、焦虑万分。芸芸众生被时代裹挟着卷进历史的大潮。

这段时间，越来越多的人向我提出同样的困惑：我的孩子就要高考了，报志愿时，应该选择什么样的专业，才不会被新时代所淘汰？原来，我们对未来是如此焦虑。

不被时代淘汰，是每一代人都必须应对的一道难题。回望我们的父辈，我们中的一些人曾目睹他们从产能落后的工厂下岗再就业的艰难历程；再看看我们这一代，我也见证了不少 35 岁至 50 岁的中年人在互联网大厂的裁员潮中黯然离场。我们既享受着科技发展带来的丰富商品、蓬勃发展的新媒体娱乐和医疗进步带来的好处，又不得不承受技术迭代引发的失业风险、贫富差距，以及心理的极度焦虑。正如狄更斯在《双城记》中所说："这是最好的时代，这是最坏的时代；这是智慧的年代，这是愚蠢的年代；这是信念的世纪，这是怀疑的世纪。"可以预见，我们的子女仍将面临同样的困惑。

历史一再证明，没有哪个职业能够永久地享受时代红利。基于历史发展观，我就 AI 时代的职业选择问题进行了一些思考，并提出了应对之法：

1. 拥抱未来，以不变应万变。

AI 技术的研发目前主要由三大领域构成：算力、算法和大数据。未来与这三大领域相关的职业必将处于快速发展期。AI 技术将逐步渗透到协助人类脑力劳动和体力劳动的很多工作领域，更多新型的工作模式将以人机协作的形式出现。

但是，AI 的局限性使其在很多领域无法替代人类的工作。数万年的进化历程赋予了人类无可比拟的主观能动性，这种特质远远超过当前人类制造的任何机器设备。因此，在未来相当长的时间内，大多数工作的主体仍将是人类本身，而非机器。

2. 劳动带给人类的快乐是其他任何快乐都无法替代的。

在数万年的进化历程中，人类在进行生产劳动时，大脑会分泌内啡肽、多巴胺、血清素等快乐物质，它们使人类产生愉悦感、幸福感和成就感。这种生理机制正是对人类改造自然的奖励和强化。人类学研究早就发现，劳动本身就是快乐的源泉，出于进化本能，我们永远不会放弃通过劳动创造世界的过程。

3. 未来永远充满不确定性，不必为了尚未发生的事情过度焦虑。

如果我们能预知未来的世界，那就不需要焦虑；如果我们无法预知未来的世界，那焦虑也没有用。我们不妨回想一下自己的中小学时期，那时的我们谁能预见今日世界的样子？而未来五年、十年乃至二十年的世界，一定比现在更加日新月异。既然谁都无法精准地预判长远的未来，又何必过度焦虑或强迫自己想象那个完全未知的世界呢？

4. 反其道而行之，我们也可以向 AI 学习。

目前 AI 的基本运行原理是持续地将新现象、新数据纳入其算法框架，通过实践应用、纠错改进、再实践验证的循环过程不断完善。人工智能给我们的重要启示在于：我们需要培养终身学习、持续进化的能力。未来的时代要求我们像 AI 一样，不断地将新事物整合到已有的知识框架中。正如我们现在已经离不开智能手机、移动支付、短视频等新技术，对于随之产生的新技能，我们也必须持续学习，并应用于职业发展中。由此可见，教育培训的重点应该是培养学习兴趣与学习能力，而不是仅仅追求学习成绩。学习能力将帮助我们构建开放式的知识体系，确保在需要的时候能够及时掌握新知识和新技能，从而应对这个瞬息万变的世界。

随着这些新思考的展开，本书已进入尾声。希望这本书能为广大读者带来些许启发，助力各位在自己的职业领域扬帆起航！

2024 年 12 月 29 日 星期日